D1424633

L'ENFANT ET SA MÉMOIRE
UNE HISTOIRE D'AMOUR

Du même auteur

MNÉMOSYNE, LA MÉMOIRE VIVANTE. Préface du professeur
Henri Laborit. Éditions du Méridien (Québec), 1988.
Édité en Suisse. Éditions Favre sous le titre : « Tout savoir
sur la mémoire » 1989.

Guillemette Isnard

L'ENFANT
ET
SA MÉMOIRE

UNE HISTOIRE D'AMOUR

MERCVRE DE FRANCE / LACOMBE
MCMXC

Les dessins techniques sont de l'auteur.
Les dessins d'enfant sont de Janine Isnard.

© Mercure de France, 1990
Pour le Canada: Éditions Lacombe, 1990
ISBN 2-89085-037-4

Introduction
« Vous avez dit : Mémoire ? »

Nous sommes au siècle des mémoires... Parcourant les bibliothèques, les librairies, les musées, les écoles, la mémoire est omniprésente : au pluriel, quand elles consacrent la vie d'un homme célèbre ou d'un homme qui se pense célèbre ; au singulier, quand elle accompagne un événement historique ou un lieu géographique ; au neutre, quand elle devient fonction psychologique défaillante ou méthode de mémorisation. Qu'elle soit sur un piédestal, au fond d'une cave ou dans le cartable d'un écolier, elle nous joue des tours, nous faisant croire qu'à l'ère de l'ordinateur, quand on croyait se débarrasser d'elle, il nous faut la supplier de revenir...

La mémoire, ce souvenir fascinant et magique, qui puise dans le passé mais devient bâtisseur de l'avenir. Qui confère aux êtres et aux choses l'immortalité mais qui fuit souvent le commun des mortels. Et si la mémoire, sortie des livres poussiéreux où l'on croyait l'avoir enfermée, devenait « l'or gris du deuxième millénaire » ? Si, loin d'être une fonction mentale parfaitement maîtrisée, elle devenait le reflet de notre peur ou de notre indifférence, voire de notre hypocrisie ? Si la mémoire, entre vous et moi, devenait une question de franchise...

Avez-vous déjà versé le café dans le sucrier ?

Laissé votre... (oh, j'ai le mot sur le bout de la langue !) là, tandis que vous rentriez à pied ?

Décidé de retourner en Italie parce que vous avez oublié
le nom de la tour qui penche drôlement...

Appris qu'il vaut mieux oublier l'argent qu'on vous a
prêté que de prêter de l'argent à qui oubliera...

Regretté la confiance que vous aviez mise dans cette
personne qui vous a trahi et escroqué...

Admiré tout au long de votre vie un bouquet de violettes,
symbole d'une joie profonde ?

Si vous vous sentez concerné, votre mémoire l'est aussi.
Car la mémoire, c'est tout cela : capacités d'attention, de
concentration, faculté de mémoriser chiffres et mots, pouvoir
de communiquer souvenirs et connaissances. La mémoire
est fonction « psychologique » : à la base de toute réflexion
et de toute forme d'intelligence, elle nous apprend à tirer
parti de nos expériences, de nos joies, de nos échecs mêmes.
Elle nous accompagne tout au long de notre vie : vive chez
le jeune enfant, remarquable chez l'homme politique, à bout
de souffle chez le vieillard. On la dit à l'origine d'une
réussite scolaire et d'une réussite professionnelle. Elle est
sollicitée dans notre quotidien, depuis nos simples gestes
automatiques jusqu'au désir de profiter pleinement de cette
explosion scientifique et culturelle, de cet échange entre
peuples et traditions, de cet accès à l'univers, que, faute de
mémoire, nous dédaignons. Puis on l'associe au langage :
« Nous n'avons dans notre mémoire que ce que nous
pouvons exprimer en mots. » Ainsi, dira-t-on, les premiers
souvenirs ne datent que de l'âge de trois ans environ, époque
où le langage est assez bien maîtrisé.

Mais, souvenirs aussi, ces impressions subtiles, ces certitu-
des innées, ces terreurs profondes emmagasinées en nous
depuis notre conception et vie fœtale. Elles sont mémoire
du corps, souvenirs de l'esprit, vibrations de l'âme. Ainsi,
plutôt que de plonger la mémoire « d'avant le langage »
dans le royaume de l'inconscient et de loger la mémoire
« d'après le langage » dans le domaine du conscient, nous
pourrions réconcilier ces sœurs jumelles, si semblables dans
leur diversité et si profondément unies l'une à l'autre. Toute
mémoire est vibration, et le langage n'exprime qu'une partie
de cette vibration. Ainsi, la mémoire n'est pas l'auxiliaire
du langage comme on le croirait volontiers, elle préexiste
aux mots et leur survit. Une mémoire éveillée rendra plus
facile l'accès au langage et à ses descendants, la lecture et
l'écriture, le langage ne conduira que difficilement, ou pas
du tout, aux portes de la mémoire.

Mais cela est un aspect de la mémoire...

L'autre, plus mythique, disparaît sous les brumes de la

raison mais réapparaît parfois sous celles des sciences dites occultes. Cette mémoire devient plus connaissance de soi, recherche de son âme que souvenirs ponctuels, même si elle nous est accordée par l'exercice d'une mémoire quotidienne. Le beau mythe de Mnémosyne, s'il est oublié, n'a rien perdu de sa force. Mnémosyne accorde au poète et au devin le privilège de voir la réalité immuable et permanente, de pénétrer la mémoire universelle où l'âme puise sa nourriture d'immortalité. Elle chante tout ce qui a été, tout ce qui est, tout ce qui sera. La mémoire, qui n'est plus le survol du temps mais l'évasion hors du temps, permet de descendre au fond de l'être, de découvrir la réalité originelle dont il est issu et de saisir son devenir dans son ensemble. Est-il nécessaire, après tout, d'engager une évolution spirituelle, me répondra-t-on ? Et quel est le rapport avec ce problème précis d'une mémoire défaillante ? Qu'on l'avoue haut et fort ou humblement, chacun d'entre nous avons besoin de croire en nous à travers un dieu, une puissance divine, et de lier notre pensée à une pensée universelle. Cette sérénité, l'œuvre de toutes nos vies, s'acquiert peu à peu par une ascèse quotidienne : prière, contemplation, méditation, travail intellectuel, exercices de mémoire..., chacun choisit sa voie. Et c'est là que nous rejoignons la doctrine de Pythagore et la révélation de Mnémosyne : une méconnaissance de soi, nos peurs devant la vie, une perception fausse de sens en déroute, une foi ou une émotivité trop ou trop peu disciplinée perturbent la pensée et causent peu à peu un déséquilibre des fonctions physiques et mentales, et enfin, pour ce qui nous intéresse, de la mémoire.

C'est donc un procès en réhabilitation de la mémoire que je me propose de faire : réconcilier ce qui est apparemment irréconciliable, une mémoire quotidienne, avec ses chiffres et ses noms, et une mémoire spirituelle, avec sa prescience du monde, née de perceptions intuitives.

Une nouvelle approche de la mémoire ? Non, à moins que plonger dans le passé soit une façon de devancer l'avenir... Mnémosyne dispensait son savoir de type divinatoire dans la Grèce du XIIᵉ siècle av. J.-C.... Réhabiliter la mémoire en lui redonnant ce pouvoir magique et comprendre que l'enfant a, depuis sa conception, une double tâche : celle de plonger en lui pour partir à la recherche de son essence, de lui-même, de sa personnalité et de sa conception de vie ; et celle d'apprendre à l'école tout ce qui lui permettra de « réussir sa vie ».

Ce livre, pour sa réalisation, a tenu compte d'une

importante bibliographie et de mes observations personnelles. Je ne partage pas l'opinion de certains auteurs et j'espère avoir clairement délimité mes réflexions, mes hypothèses et les leurs.

S'il s'adresse aux parents et aux enseignants, il intéressera aussi, je l'espère, tout un chacun qui voudrait découvrir sa mémoire actuelle ou partir à la recherche de l'enfant qu'il était.

Quant aux exercices, conçus pour enfants et adultes, ils peuvent devenir jeux d'adultes, jeux de société ou jeux de famille.

L'émotivité,
l'art d'oublier
ou de se souvenir

« Avec l'âge, c'est normal, je perds la mémoire. » A force de l'entendre, je ne me lasse pourtant pas de répondre : « Non, ce n'est pas normal, les neurones à 90 ans sont encore plus inexploités que détruits. » Cette défaillance va nous toucher bien au-delà d'ailleurs des oublis de noms, d'événements, de dates..., symptômes maintes fois décrits. Elle nous atteint au plus profond de notre personnalité, dans cette essence qui, dégagée de toute « convenance », n'est qu'une subtile émotivité. Nous nous perdons nous-mêmes, nous sentons le vide en nous et c'est une peur irraisonnée.

Au niveau des neurones, quel est le processus ?
Lorsqu'on se souvient, deux étapes se dessinent : la première est un éveil, une attention ou un intérêt, qui se traduit au niveau physiologique par la stimulation du « cerveau des émotions ».

1) Première étape

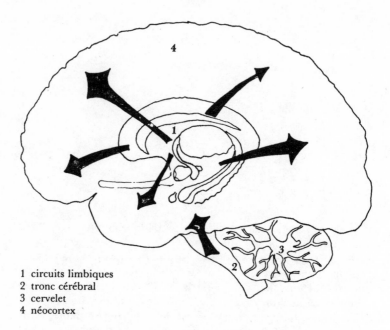

1 circuits limbiques
2 tronc cérébral
3 cervelet
4 néocortex

Circuits limbiques : Attention. Concentration
(Cerveau des émotions)

Une stimulation générale qui, à son tour, embrase des villages de neurones corticaux. Ces neurones corticaux envahissent les aires spécifiques (vue, toucher, etc.), puis les neurones associatifs qui assurent richesse de pensée et de création.

2) Deuxième étape

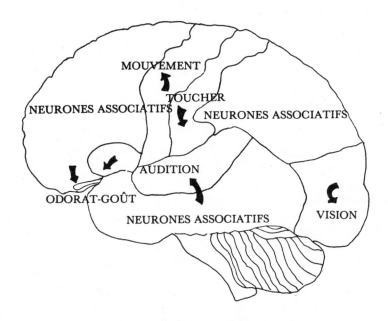

Néocortex : Mémoires
(aire spécifiques et neurones associatifs)

Mais ceux-ci ne seront stimulés que si, auparavant, le cerveau des émotions a répondu à la stimulation extérieure. Ainsi, une image, un son, un toucher doivent être ressentis par les zones sous-corticales (relais des informations sensorielles) avant d'être analysés par le néocortex. Il faut « vibrer » avant de « comprendre », et cette sensibilité semble mobiliser plus que le cerveau seul. Platon expliquait déjà comment la parole douce et vibrante agit sur le thymus, créant un état de calme et de concentration. Le thymus, glande à la base du cou bien développée chez l'enfant, régresse chez l'adulte. Son rôle énergétique, en revanche, demeure, si l'on en croit la philosophie des « chackras », ou centres d'énergie : le thymus « purifie » les vibrations qui parviennent des autres plexus nerveux et transmet ces informations « nettoyées » au cerveau, qui les analyse. Il serait sans doute intéressant de se pencher sur le rôle du thymus, sa prétendue dégénérescence, ses propriétés énergétiques et son rôle chez un enfant en difficulté d'apprentissage.

Et l'équilibre de toute une vie est de parvenir à cette sérénité, à ce transfert harmonieux entre cerveau des émotions et néocortex, pour éviter le « je sais » intellectuel, qui ne correspond pas au ressenti, et le « je le sens » émotif, qui n'est pas plus conforme aux impératifs d'une société. S'opposent alors, avec toutes les nuances, les partisans d'une vie intellectuelle où le langage a une place de choix, et les adeptes d'une vie spirituelle pour qui la réflexion se passe d'expression orale et devient une contemplation silencieuse. Notre cerveau humain est assez riche — et assez sage — pour s'abandonner à différents types de communication, qui s'éloignent parfois pour se réunir ensuite. Pourquoi vouloir jeter le clou lorsqu'on a acheté le marteau ?

Ainsi, deux étapes pour éveiller sa mémoire :

La première étape, l'attention et la concentration, est très proche de notre émotivité. Combien d'oublis sous le coup d'une peur, d'une colère, d'un sentiment d'angoisse, d'une peine ou d'une joie intense ? Comme si l'information, consumée par un feu violent, n'avait pu s'établir en braises. Ces braises, c'est dans le néocortex qu'elles s'installent — deuxième étape —, dans les aires spécifiques de la vue, de l'ouïe, où nous emmagasinons les souvenirs de toute une vie, peu à peu, après réflexion et élagage. Ces souvenirs ne peuvent s'ancrer que lorsque l'attention a été éveillée et ne peuvent être ramenés à la surface que lorsque la même attention a été réveillée, ou le contraire de cette attention, comme en témoignent les nombreuses associations par contraire que nous faisons : le chaud et le froid, la joie et la tristesse, le bonheur et le malheur, la vieillesse et la jeunesse...

La place réservée à ces souvenirs dans le néocortex n'a pas de limite, et surtout celui-ci n'est pas ou peu atteint par la vieillesse : excepté dans le cas de maladies graves, les « neurones qui disparaissent chaque jour » ne sont pas responsables des blancs de mémoire. En revanche, les difficultés de vivre que nous avons chaque jour ou bien une trop grande intensité de sentiments laissent comme un brouillard sur le cerveau des émotions. Un brouillard qui épargne la souffrance mais qui bloque aussi l'accès au monde de tous les jours. C'est ainsi que des personnes âgées racontent encore et encore les mêmes souvenirs dans tout leur piquant et leur couleur et ne se rappellent plus de leurs rendez-vous immédiats. Le néocortex n'est pas limité quant à ce qu'il peut assimiler, mais les nouvelles informations, dépourvues d'intérêt pour un corps et un esprit qui ont perdu leur jeunesse, ne parviennent pas à traverser ce brouillard. Notamment le désir violent d'oublier un épisode fâcheux de votre vie, un deuil, une séparation, une humiliation peut conduire à ce genre d'oubli.

Chaque souvenir comprend deux composantes : l'une que l'on pourrait dire intellectuelle et que rien ne nous empêche de supporter — la mort d'un père, la faillite d'une entreprise... L'autre composante est émotive et, parce qu'elle nous noie dans une atmosphère étrange, qu'elle nous fait vibrer tout entier au-delà des mots, nous la supportons souvent mal. Il nous faudrait apprendre à séparer ces deux composantes, à apaiser l'une, à s'approprier l'autre. Ne pas refuser notre passé, avec ses expériences déterminantes pour l'avenir, seulement apaiser l'émotivité liée à ces souvenirs. Frotter le bras d'un enfant qui s'est cogné n'enlève pas la blessure mais apaise la douleur. La souffrance est supportable, l'idée de souffrir ne l'est pas. Ainsi, c'est à travers cette harmonie ou cette disharmonie entre les différentes composantes cérébrales que se modèlent la personnalité de l'enfant, celle du jeune adulte, celle de l'adulte vieillissant. Il devient alors évident que la mémoire de l'enfant (et de l'adulte) n'est pas seulement la capacité d'« apprendre une leçon » ou de se « rappeler une commission », mais dépend également de cette mauvaise humeur, de cette tristesse ou de cette joie de vivre. De même qu'un adulte peut vouloir souffrir, se complaire dans la violence, s'isoler dans le rêve ou affronter la vie présente, l'enfant se trouve confronté à ces choix. Si son cerveau est hérité de ses parents, avec les qualités et les défauts propres à leur lignée, une partie plus profonde de lui (son essence, son moi, son âme, enfin LUI...) le modèlera selon ses aspirations et ses choix.

L'enfant pourra présenter les mêmes troubles de mémoire qu'une personne traumatisée par un accident ou une personne déjà isolée en elle-même. A certains moments de son évolution, ce qu'il ressentira pourra provoquer le désir d'arrêter brutalement cette évolution. Ce qu'il concevra ne sera pas nécessairement lié à son milieu familial. Cela peut l'être, mais ce n'est pas systématique et l'on voit des enfants s'arrêter de vivre dans un milieu où tout est prêt pour eux. Nous en reparlerons, mais il est bien important de comprendre que le milieu qui voit naître l'enfant peut alléger ou alourdir son fardeau, mais sera rarement à l'origine de ce fardeau. Il faudrait ne plus croire à l'innocence de l'enfant ou définir l'innocence comme une connaissance universelle, l'enfant sait probablement ce qui l'attend et décide de l'affronter, de le subir, ou de le fuir. L'étude du cerveau et des sens nous montrera combien différente est la perception de l'enfant. Différente, mais aussi plus riche, plus vivante, puisque passé, présent et avenir, imaginaire et réalité, intuition et connaissance ne font qu'un.

L'enfant a ses propres problèmes qui sont en dehors de nous. On a trop tendance à leur appliquer notre perception du monde et notre façon de ressentir. On qualifie donc de choc émotif ce qui, à mon avis, est une difficulté d'adaptation. C'est prendre le problème à l'envers, car c'est en fait cette incapacité d'adaptation qui conduit à des troubles émotionnels.

Vibrant à tout, ressentant cette vibration au niveau de la vue, du toucher, de l'ouïe, l'enfant appréhendera un aspect de sa vie future. Une certaine gravité peut s'ensuivre, une certaine sagesse aussi et parfois une peur, puis une terreur et, dans certains cas, la décision extrême d'arrêter tout développement. S'éloignant de la réalité, il se perdra dans des rêves négatifs. Lorsque l'enfant fuit la réalité, il perd sa sensibilité à certaines vibrations, généralement des vibrations aussi subtiles que des sons. Ainsi, sourd à certaines fréquences (aiguës), il perd une capacité d'analyser, une capacité de visualiser, une capacité de communiquer. Il se laisse prendre au jeu morbide qu'il a instauré, souffre, semble ne pas souffrir et s'isole. Ne voulant pas perdre un acquis qui satisfait son état d'être, un « privilège », il souffrira à travers lui-même, par une forme de masochisme qu'il ne laisse d'ailleurs pas paraître. Refusant certaines épreuves de la vie, il ne désire qu'une chose, rejoindre le rêve pour ne pas s'adapter. Le « centre émotionnel » joue alors, l'émotion devient l'excuse de ne pouvoir s'adapter, et les thérapies commencent. Dans la majorité des cas (je ne parle pas d'enfants martyrs), ce n'est pas la vie ni le milieu familial qui l'ont maltraité d'abord, mais lui-même, en fonction d'une redoutable connaissance du monde à travers soi.

Cette perte de vibration va alors s'exprimer sous toutes les formes : autisme, angoisse, hyperactivité, dyslexie, disfonctionnement en tout genre, échec.

« Petit homme, si grand avec l'habileté du voleur, du tricheur, mais tournée contre lui... Qui, pour ne pas risquer d'être vaincu, se désarme lui-même. Parce qu'il connaît trop ne veut plus apprendre, et qui, faute de ne pouvoir retenir mille et une choses, n'en veut retenir aucune...

« Petit être dépourvu de souvenirs aussi fondamentaux que les tables de multiplication, les mots, les chiffres, petit elfe perdu dans des rêves sans fin, petit lutin dépassant le temps et l'espace. Petit homme en difficulté d'apprentissage. »

Nous approfondirons ces sujets à peine esquissés, en abordant les difficultés de fonctionnement et d'apprentissage chez les enfants. Nous risquons d'être entraînés loin, très loin, au rythme de la vie, dépassant les rythmes fondamentaux pour atteindre l'ordre cosmique. Et de nous apercevoir des nuances entre ce que peut apporter une « formation » (apprentissage) et un désir (cœur). Qu'une formation sans désir est une sculpture sans âme, ou un travail sans cœur.

De vibration en vibration, les sens s'éveillent

Quelle est la nature du monde qui nous entoure ?

Tout un chacun peut se poser la question et répondre... selon son cœur, ou ses organes des sens. Le peintre verra le monde comme une harmonie de teintes parfois inaccessibles à sa palette, le musicien comme une pluie de notes hautes en couleur, le parfumeur ressentira parfums et odeurs comme une harmonie subtile. Le commun des mortels saisira une image globale du monde faite de formes, de couleurs, de sons et d'odeurs. Et jugera sans doute qu'il voit comme tout le monde. Mais le monde est plus vaste que cela et nous apprendrions beaucoup de la réalité que perçoivent abeilles, chauves-souris, dauphins et chiens. Les animaux ont parfois plus de sagesse que l'homme et n'essaient pas de nous convaincre de ce qu'ils ressentent, quand nous nous efforçons de leur appliquer notre vérité. D'expliquer leur comportement d'après le nôtre et de les juger d'après nous-mêmes. De la même façon que nous amenons l'enfant à percevoir son environnement comme nous-mêmes. Nous lui apprenons que les jours de la semaine sont des mots et non des couleurs, qu'ils ne peuvent pas voir dans le noir, et que les animaux ne parlent pas. Est-ce un élargissement du champ de perception que de rendre à César ce qui est à César, la vue à la vue, le son au son, ou est-ce au contraire une limitation de perception ?

Facilement, l'enfant jouera dans les sens interpénétrés, associant comme nous le faisons parfois son et lumière, goût et parole, toucher et regard. Une couleur criarde atteindra ses oreilles, tandis qu'une voix mielleuse lui rappellera un goût et qu'un regard pénétrant l'atteindra au cœur. Curieusement cette synesthésie (interpénétration des sens) favorise la mémoire, dans certains cas la sensibilité, la réflexion profonde et parfois la prémonition. Elle fait naître une nouvelle perception par le jeu des pensées et attitudes mentales, de façon consciente ou inconsciente. Il est souvent nécessaire, pour éveiller la mémoire d'un enfant, de lui faire revivre cette synesthésie. Les organes des sens et le cerveau du fœtus et de l'enfant ne sont pas une version abrégée de ceux de l'adulte. Certains circuits complexes, telles l'orientation dans l'espace, l'alternance sommeil et veille, la préhension, etc., sont très tôt mis en place. Certaines fonctions, présentes et même plus alertes chez le bébé (l'odorat notamment), s'affaibliront plus tard. La maturation du cerveau et des sens n'engagera donc pas également et simultanément toutes les composantes cérébrales. Selon l'âge, le cerveau respecte ces impératifs en accordant les capacités et spécialisations nécessaires. L'enfant est finalement bien armé pour un monde dont il ignore la nature ; né pour survivre, il possède un cerveau autonome qui, dès les premières semaines de la grossesse, s'enrichit de connaissances et d'apprentissages divers. Ainsi, le système nerveux de l'enfant possède très tôt ses caractéristiques individuelles, vers le deuxième mois de la grossesse. Un long processus de maturation s'engagera alors, qui prendra fin plus tôt pour les organes des sens, vers le septième mois de la gestation, que pour les composantes cérébrales qui évoluent, quant à leurs connexions synaptiques, jusqu'à l'âge de 20 ans ou plus.

Revenons aux organes des sens. Des études anatomiques, ou physiologiques montrent que cette vibration des sens prend naissance dès la septième semaine de gestation. Apparaissent progressivement ou simultanément le toucher, le goût, l'odorat, le sens de l'équilibre, l'ouïe, la vue. La complexité et la mise en place de ces structures varient, l'œil par exemple prend « du retard » sur l'ouïe, qui elle-même s'efface devant la précocité du toucher et du goût. L'enfant reçoit, et réagit en fonction de ce qu'il reçoit. Si durant la vie fœtale il ne perçoit que du calme, il risque de ne supporter aucune perturbation de son environnement. Le temps de la grossesse devrait être une préparation au combat de la vie et non une protection abusive. Préparation par des paroles souvent, qui auront moins d'impact toutefois que le ton et la conviction que l'on y mettra.

Tous ces récepteurs sensoriels (tactiles, auditifs, visuels) présentent la même origine embryonnaire « neuro-ectodermique ». Leur nature est donc proche, leur raison d'être est semblable : capter des fréquences vibratoires, permettre au cerveau et au petit d'homme de prendre conscience de ce qui l'entoure. Le monde est une énergie, transformée par les organes des sens en vibrations sonores, tactiles, lumineuses, stimulant, selon leur fréquence et leur subtilité, l'oreille, le tact, la vision. Ces stimulations se verront limitées selon la sensibilité des organes des sens. Notre oreille peinera au-dessus de 16 000 hertz pour devenir sourde au-delà de 20 000 hertz. Le dauphin ou la chauve-souris évoluent dans des fréquences sonores qui leur permettront d'utiliser l'écholocation (130 à 150 000 hertz). Les papillons sentent une odeur à plus de dix kilomètres, quand nous laissons parfois brûler une casserole à quelques mètres de nous. Notre sens de l'orientation fait défaut, comparé à celui des pigeons qui se dirigent grâce aux champs magnétiques. L'abeille percevra l'utraviolet, mais ne connaîtra pas le rouge, tandis que les serpents « verront » par la peau la chaleur d'une proie. Comme si chaque espèce, de la plus petite à la plus grosse, bougeant dans un champ d'énergie, « choisissait » au fil de l'évolution sa façon de traduire cette énergie selon le milieu et le mode de vie. Nos mondes se côtoient, s'interpénètrent, puisqu'ils ne sont en réalité que les reflets ou les différentes facettes d'un monde universel, aussi partielles les unes que les autres. Comme l'argile du fleuve donnera naissance à une flûte emplie de sons entre les mains d'un musicien, à un vase rempli de fleurs dans les mains d'un potier, à un boulet entre les mains d'un guerrier. Même argile, même principe universel, mais de multiples perceptions de cette argile selon soi. Qu'est-ce qui nous empêche, sinon des organes des sens traditionalistes, de ressentir d'une façon plus subtile ces mondes que l'on qualifie d'étranges pour la seule raison qu'ils sont lointains...

Ces organes des sens, avec leurs richesses et leurs limites, nous allons les évoquer l'un après l'autre. Montrer comment une trop grande spécialisation de l'un d'eux peut étouffer la voix des autres. Suggérer comment l'enfant, si proche d'une mémoire universelle par la perception de ses sens, peut « oublier » ses acquis. Indiquer comment la stimulation de ces sens selon divers procédés peut raviver non seulement la mémoire de tous les jours, mais également ce retour à la certitude profonde d'appartenir à un monde vibratoire et plus encore à ressentir ces vibrations « par tous les pores de la peau ».

SENTIR ET GOÛTER...

De par leur localisation, récepteurs du goût et de l'odorat agissent en étroite collaboration pour différents comportements dont l'importance varie (comportement sexuel, reconnaissance sociale, localisation de territoire...). Chez l'être humain, odeur et goût concernent particulièrement le comportement alimentaire, et chez le bébé ils revêtent une importance considérable puisque c'est une question de survie et de reconnaissance affective.

Parler du goût, c'est aussi évoquer l'odorat, puisque les odeurs d'un aliment, après avoir flatté notre muqueuse nasale par les narines, y pénètrent à nouveau par voie rétronasale. L'odorat semble même jouer un rôle prépondérant dans l'analyse des goûts, puisque être privé d'odeurs, lors d'un rhume, rend insensible à la saveur des aliments.

Anatomiquement parlant, le système gustatif est mis en place chez le fœtus et fonctionne après trois mois de gestation : le fœtus commence alors son apprentissage du goût et de la déglutition en absorbant le liquide amniotique. Son goût — ou son dégoût — se forme ainsi et il saura éventuellement marquer son approbation ou sa désapprobation devant une substance absorbée par la mère. Il est plus difficile d'affirmer que le sens de l'odorat — anatomiquement prêt — est fonctionnel chez le fœtus puisque les narines sont obstruées. En revanche, des prématurés présentent à la naissance des réflexes du goût et des nouveau-nés à terme manifestent des mimiques faciales différentes selon les odeurs proposées. Un enfant de 6 jours choisit sans hésitation le lait de sa mère (imbibant un tampon d'ouate) plutôt que celui d'une autre femme (également sur un tampon d'ouate). Capacités olfactives et analyse des odeurs sont très grandes chez le nourrisson. Le jeune enfant reste toujours beaucoup plus sensible aux odeurs, bonnes ou mauvaises, que l'adulte et surtout y accorde plus d'importance. L'adulte en effet garde des capacités d'olfaction non négligeables, puisqu'elles engagent tout le processus alimentaire, mais il attache souvent moins d'importance à l'analyse de ces substances odorantes et aux effets produits ; ce qui n'empêche pas une action profonde — nous le verrons plus loin — sur certaines mémoires silencieuses ou émotives.

• Le goût
L'appareil gustatif est formé de bourgeons du goût, ou récepteurs gustatifs, et de voies nerveuses d'acheminement au cerveau. Il est fonctionnel vers la treizième semaine de la

vie fœtale. La bouche du nouveau-né est entièrement tapissée de papilles gustatives qui disparaîtront dans les mois suivants. Pas totalement pourtant, puisque quarante pour cent d'adultes conservent des bourgeons du goût fonctionnels sur le voile du palais, l'épiglotte, le pharynx. Il existe sur la langue quatre sortes de papilles gustatives qui permettent une discrimination des saveurs acide, salée, amère, sucrée.

Langue

Les papilles gustatives, réparties sur la langue, contiennent les bourgeons du goût

Bourgeon du goût

vers le cerveau

Papilles caliciformes, filiformes, funigiformes et foliées. La pointe et les bords antérieurs de la langue reconnaissent plus volontiers le sucré, l'amer se goûte sur le dos de la langue, l'acide stimule surtout les bords de la langue, toute la surface de la langue est sensibilisée au sel. Cette localisation des goûts n'est toutefois pas absolue, chaque papille, en dehors de toute préférence, est capable de répondre à une variété de stimuli. Les bourgeons du goût prennent leur place dans les papilles. Ils recevront les molécules « de goût », déjà en solution dans la salive. Des cellules sensorielles s'activent, générant des impulsions électriques qui se propageront le long de la corde du tympan qui appartient elle-même au nerf facial. Curieux trajet de cette corde du tympan, en relation avec l'oreille moyenne. Est-ce une erreur de la nature ou un reste de synesthésie (utilisation des sens parallèlement et simultanément entre le goût et l'ouïe), qui nous permettrait de qualifier une voix de mielleuse ou d'acide, et de saliver à l'écoute d'un son... ?

Lorsque nous absorbons un aliment, les récepteurs gustatifs ne sont pas seuls stimulés, puisque interviendront une image sensorielle tactile (la nature et la texture de l'aliment), une image thermique (chaud, tiède, froid) et une image olfactive. Le goût devient alors une image composite et non un sens à part entière.

La corde du tympan, qui véhiculera plus particulièrement les informations chimiques, sera « épaulée » par le nerf trijumeau qui complétera l'image gustative par quelques informations thermiques et tactiles. Quant au nerf olfactif, il imposera son opinion sur cette image globale qu'est le goût, en laissant un « arrière-goût » ou un « faux goût » que l'on attribue, sans doute à tort, aux papilles gustatives. En effet, les aliments dégagent une odeur, qui, par voie rétronasale (ou pharyngée) stimule l'épithélium olfactif. On commence par sentir, on goûte et l'on reste avec un arrière-goût qui est en fait une « arrière-odeur ». Empruntant un trajet nerveux (trijumeau, corde du tympan, nerf glosso-pharyngien, nerf pneumogastrique), les impulsions électriques relaieront d'abord dans une partie archaïque de notre cerveau, responsable de notre émotivité et sans doute des composantes affectives du comportement alimentaire, avant de rejoindre la circonvolution pariétale ascendante, dans le néocortex, aire corticale qui n'arrive pas à maturation avant le sixième mois de l'enfant. Dans la littérature, on a coutume de dire qu'avant 8 ans l'enfant serait peut « goûteur ». Est-ce réellement une absence de goût qui est en cause ou des moyens insuffisants de l'exprimer ? Très tôt dans sa vie, le jeune enfant montre des aversions marquées pour certains aliments et des préférences évidentes : tel le sucré chez le bébé, préférence qui se prolonge souvent durant la vie. Un additif sucré à un biberon provoque une succion accrue du nourrisson, une saveur amère bloque cette même succion. Peut-on émettre l'hypothèse que la recherche de sucré est liée à un besoin énergétique ? Que la perception du sel est liée au comportement de soif ? Que l'arrêt de la déglutition liée à l'absorption de substances amères est une manœuvre phylogénétique pour éviter les alcaloïdes, substances générale-ment toxiques dans la nature ?

La sensibilité du goût varie selon les individus, selon l'hérédité vraisemblablement, mais aussi selon les premiers apprentissages gustatifs réalisés lors de la vie fœtale. Le goût est un sens fort capricieux : très développé chez certains et non chez d'autres ; stimulé plus fortement chez une personne à jeun ; à l'origine de « caprices » chez certains, femmes enceintes, familles entières détestant le lait... Le goût est aussi le reflet des civilisations, par son raffinement, par ses traditions séculaires ou même ses connotations religieuses.

Le goût..., mais aussi l'odorat, puisqu'on ne devrait pas les séparer dans la vie, si ce n'est, comme nous l'avons fait pour survoler ces caractéristiques anatomiques et physiolo-giques.

• L'odorat

La constitution des images olfactives est très riche. Quatre systèmes détecteurs (cinq chez certains mammifères) captent les molécules odorantes et, selon leur spécialisation, conduisent, par des voies distinctes, ces informations vers le cerveau.

L'organe olfactif septal, au sein de la muqueuse respiratoire. C'est l'avant-garde odorante ; d'une sensibilité plus grande que l'épithélium olfactif principal, il est stimulé durant la phase respiratoire habituelle, prêt à provoquer la mobilisation des autres systèmes en cas de signal odorant.

Des fibres nerveuses libres du nerf trijumeau, situées dans les muqueuses respiratoires et olfactives principales, répondent à un stimulus olfactif en ajoutant une information de type « piquant » à l'image purement olfactive.

Le troisième système, dont on ne connaît pas la fonction sensorielle, est *l'innervation par le nerf terminal de la muqueuse olfactive.*

Le dernier système, *l'épithélium olfactif principal* nous est plus familier. A lui revient la responsabilité de notre sensibilité aux parfums, aux odeurs nauséabondes, aux

Nez   **Muqueuse olfactive**

vers le cerveau

La muqueuse olfactive
tapisse l'intérieur du nez   cellule olfactive

mélanges aromatiques. Les cellules olfactives sont incluses dans la muqueuse olfactive où elles subissent un constant renouvellement. Les neurones sont en contact direct avec l'extérieur — ce qui est rare et montre l'ancienneté phylogénétique de l'odorat. Les cils, à l'extrémité des neurones, sont noyés dans un mucus, et c'est sur ce tapis qu'arrivent les molécules odorantes. Les prolongements (vers le cerveau) des cellules olfactives constituent les faisceaux du nerf olfactif qui pénètre dans le bulbe olfactif où les informations, sous forme d'impulsions électriques, seront triées, assemblées, avant d'être confiées aux structures sous-corticales et corticales (système limbique, néocortex, hypothalamus...). Nous reviendrons sur l'importance de ces nombreuses connexions avec le cerveau.

Qu'est-ce qu'une image olfactive ? Comment s'organisent ces multiples impulsions électriques pour renseigner sur la complexité d'un arôme ? Si les cellules sensorielles ne sont pas ultra-spécialisées, elles répondent tout de même avec nuance aux substances employées. Les cellules « cousines », sensibles au même type de stimulation ; ont tendance à se regrouper dans l'épithélium olfactif et correspondent dans le bulbe olfactif à une topographie précise. Ainsi, deux parfums différents ne mettront pas en jeu les mêmes « dessins » de cellules sensorielles. D'où la naissance d'une infinité de combinaisons assurant une infinité de perceptions olfactives, si difficiles parfois à traduire par des mots. Les fenêtres éclairées qui illuminent une ville ne sont jamais les mêmes et offrent une infinité de spectacles que nous aurions grand-peine à différencier l'un de l'autre — si nous avions la sensibilité suffisante pour les voir. Il en est de même pour les odeurs, que nous sentons globalement mais que nous n'analysons qu'imparfaitement.

Chez le fœtus, on ne peut affirmer que le système olfactif soit mature : les narines sont bouchées jusqu'au sixième mois de la vie fœtale. De plus, les molécules odorantes parviennent à l'épithélium olfactif par un mouvement d'air, ce qui est impossible dans un milieu aquatique. Rien ne prouve que le fœtus puisse sentir les odeurs, rien ne prouve non plus qu'il n'y soit pas sensible.

En revanche, dès la naissance, le comportement olfactif — sans doute génétiquement programmé — passe à l'acte. Le nouveau-né exprimera par des mimiques faciales différentes son appréciation ou son aversion devant des arômes fruités ou lactés, d'œufs avariés, de poisson. De même la communication olfactive entre la mère et le bébé s'établit de façon très précoce, le nourrisson tournant la tête ou s'apaisant lors de contact avec une gaze imprégnée de l'odeur de sa mère (seins, aisselles, etc.). Cet attachement olfactif persiste d'autre part entre 2 et 5 ans, période où la majorité des enfants reconnaissent sans hésitation un chandail de leur mère parmi d'autres. Flairages successifs et rapides, que l'on retrouve chez le nourrisson, le petit enfant et plus rarement chez l'homme, et qui accroissent la qualité de l'image globale. Les mimiques faciales restent toujours liées à ce comportement olfactif et font encore l'objet de recherche chez l'adulte : plissement des ailes du nez, élévation des sourcils, relèvement des coins de la bouche, sourire, etc.

Curieuse relation également entre la vue et le nez : la pupille présente des mouvements, dilatation ou contraction, lorsqu'une odeur est perçue subjectivement. Est-ce encore un reste de synesthésie, qui nous fait « voir » les odeurs ?

Le jeune enfant présente une sensibilité très fine de l'odorat, mémorise facilement maintes odeurs et garde cette faculté jusque vers l'adolescence, période où le garçon perdra davantage que la fille le sens des odeurs. Mais chez l'un comme chez l'autre, devenus adultes, l'odeur jouera un rôle affectif. Combien d'odeurs nous permettent un saut en arrière dans le passé, souvent à l'époque de notre enfance, ou bien à une période émotivement chargée ? Combien d'odeurs, nauséabondes pour certains, seront agréables pour d'autres en raison de souvenirs qu'elles évoquent (fumier de cheval, odeurs d'alcool médical, de fumée...) ? Enfin l'odeur est liée à notre bien-être le plus profond — se sentir bien —, comme au malaise le plus violent — ne pas sentir quelqu'un. Nous nous habituons aussi aux odeurs, et il nous faut parfois une intervention extérieure pour prendre conscience de notre environnement olfactif, que nous ne percevions plus. Des parfums, des huiles essentielles, comme la rose, par leur action sur l'odorat, conduisent à une relaxation : stimulation du nerf parasympathique et inhibition du nerf sympathique. Les molécules odorantes doivent se renouveler pour être perçues, nous pouvons difficilement rappeler une image olfactive sans support olfactif comme nous le ferions avec une image visuelle.

L'enfant présente une persistance des images olfactives supérieure à celle de l'adulte — mais inférieure à celle du chien, dont la perception rejoint le passé et ne reste pas comme la nôtre dans le présent immédiat. Est-il d'ailleurs exact que l'olfaction reste cantonnée dans le présent immédiat ? Religieux, philosophes et méditants utilisaient les arômes d'herbes ou les encens pour faire naître visions de l'avenir ou paroles du passé... N'avons-nous jamais eu l'impression que certaines odeurs nous éloignaient du temps et de l'espace ? « L'odorat, sens de la confusion donc des rencontres, sens rare des singularités, l'odorat glisse du savoir à la mémoire et de l'espace au temps ; sans doute des choses aux êtres » (Michel Serres).

TOUCHER, CARESSER...

« Prendre, c'est déjà comprendre. » On voit un objet mais il ne devient réel que lorsque nous le tenons et l'analysons : dur, rugueux, poli... L'enfant découvre le monde grâce à lui, l'adulte l'associe à sa vie, l'aveugle le substitue à sa vue. Tous sont « touchés » par un son, une voix, une musique, une intention...

• Le tact
La sensibilité tactile s'étend sur tout le corps, sur la peau et au niveau des muqueuses. Cette sensibilité est permise par une multitude de récepteurs logés dans la peau, au niveau de l'épiderme, du derme et de l'hypoderme. Selon leur nature, ils seront aptes à saisir des informations tactiles, thermiques ou de pression. Citons *les disques de Merkel* et *les corpuscules de Meissner,* particulièrement nombreux dans la paume de la main, la plante du pied. Logés dans l'épiderme, ils répondront plus volontiers à des sensations tactiles. Plus profondément dans la peau (derme), *les corpuscules de Krause et de Ruffini* identifient respectivement le froid et le chaud. Ils agissent en cas d'alerte seulement et n'ont ni l'importance ni la sensibilité des thermorécepteurs propres aux reptiles notamment. Encore plus profondément, *les petites corpuscules de Golgi-Mazzoni* analysent légères et fortes pressions. Si l'on peut émettre une classification de ces récepteurs, il ne faut tout de même pas généraliser leur sensibilité, car tous, avec des seuils différents bien entendu, canalisent les diverses informations qui amènent une répercussion.

Main   **Récepteurs sensoriels**

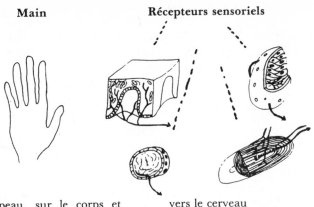

Dans la peau, sur le corps et
particulièrement les doigts, on
trouve les récepteurs sensoriels

vers le cerveau

La sensibilité tactile atteint son degré de perfection au
niveau de la main. Les récepteurs tactiles envahissent (2 000
terminaisons nerveuses au mm² sur la pulpe des doigts)
toute la surface de la main, lui apportant une discrimination
remarquable, qu'améliore encore l'adhésion des doigts (grâce
aux crêtes épidermiques ou empreintes digitales) sur la
surface touchée.

La main est de plus pourvue en profondeur de récepteurs
sensitifs attachés aux articulations, tendons, muscles, qui la
renseignent précisément sur tout mouvement ou position
dans l'espace. Les informations de ces multiples récepteurs,
traduites en impulsions électriques, gagnent le cerveau (aires
sensitives) par plusieurs voies nerveuses, que nous décrirons
plus tard.

L'habituation aux odeurs que nous décrivions précédemment s'applique également au toucher : la pression de
vêtements, le maintien des membres, le chapeau sur la tête,
mais aussi la pression atmosphérique (sauf quand « il
fait lourd ») provoquent des stimulations qui déclinent
progressivement ; notre corps n'en a plus conscience. Cette
sensibilité tactile, quand vibre-t-elle pour la première fois ?
Très tôt, puisque des études anatomiques et comportementales montrent qu'à partir de la sixième ou septième semaine
de grossesse, d'abord la région de la bouche, puis la plus
grande partie du corps, sont sensibles à des stimulations
externes. Vont alors s'établir une relation entre l'enfant-
fœtus, la mère, le père et éventuellement un plus large

environnement. On est bien loin maintenant de considérer le fœtus comme isolé, celui-ci vibre déjà et acquiert ses premières mémoires, dont la première sera sans doute : « Ai-je été accueilli avec plaisir ? » Les sensations qui répondent à cette question engagent quelque peu la vie affective de l'enfant nouveau-né et du futur adulte.

Déjà, dans l'utérus, la peau du fœtus reçoit nombre d'informations tactiles, lui permettant d'organiser sa vie et son rythme en fonction de celui de sa mère. Plus il grandit, plus les parois utérines, riches en stimulations (mouvements, contractions) se rapprochent du fœtus, et ce sont elles encore qui, par massage vigoureux, expulsent le petit homme — qui sent alors se séparer ces deux corps qu'il croyait un : expérience traumatisante s'il en fut !

Quand il naît, il sait déjà beaucoup, sa mémoire tactile est riche d'enseignements, et sa mère, elle aussi, a connu maints apprentissages. Témoin cette technique néerlandaise de Veldman, cette « haptonomie » ou science du toucher, qui éveille chez la mère et l'enfant sensations réciproques (tactiles et affectives), syntonie, et... sympathie. Détendue, la mère fait pression des doigts en plaçant sa main de façon précise ; l'enfant répond. Elle maîtrise les mouvements de son utérus : « Faites descendre l'enfant », « ou monter », c'est préparer le chemin à l'enfant. Attentive à l'enfant, elle apprend à modifier tension et mouvements abdominaux pour lui éviter désagrément ou incommodité. L'enfant lui communique ses « états d'âme », qu'elle ressent, il « joue » avec les vibrations des mains de son père et de sa mère. Ils préparent tous trois, avec patience, le passage vers le monde extérieur, où il se souviendra d'avoir été bien accueilli.

Je pense que ces vibrations échangées entre le fœtus et parents sont d'ordre magnétique, électromagnétique et cosmique. L'enfant réagit en fonction de ces vibrations, bonnes ou mauvaises, qui traduisent un état d'esprit. Ces vibrations transitent par la rate vers le cerveau, d'où, à mon avis, cette importance donnée à la rate dans les processus intellectuels selon la médecine chinoise.

Le toucher n'a pas pour seul but l'apprentissage du monde extérieur. Son rôle est déterminant aussi dans la présence — ou l'absence — de sentiments d'affection ou d'attention. Des expériences de privation maternelle et de toucher ont conduit des bébés singes à la maladie ou à la mort. Vivant mal la séparation d'avec la mère en crèche ou à l'hôpital, de jeunes bébés sombrent dans la dépression ou présentent différents troubles : perturbation du sommeil, difficultés d'alimentation, troubles immunologiques même, jusqu'à l'adaptation au milieu.

Un peu plus tard, de jeunes enfants, qui ont manqué de contacts les premières semaines, peuvent voir leurs mécanismes psychobiologiques se dérégler et présenter des troubles de comportement, de l'hostilité... Certaines civilisations le savent bien, qui recréent le contact d'agrippement du singe en attachant le bébé sur le dos, parfois jusqu'à un âge avancé. Notre culture est moins celle du porte-bébé que celle des substituts : l'entourage visuel, sonore, olfactif du bébé, le berceau, les vêtements constituent une deuxième mère que l'enfant identifie et accepte, si toutefois un échange affectif se poursuit en dehors des soins de la toilette et de l'allaitement. La peau représente aussi pour le bébé l'apprentissage des limites corporelles. Jusqu'à la naissance, le petit vit par le cordon ombilical. Dès la naissance, le bébé devient responsable de ses échanges thermiques avec l'environnement par la peau, la respiration, la transpiration.

Les massages post-nataux, présents dans beaucoup de civilisations dites « primitives », redeviennent une priorité dans les civilisations dites « évoluées »... avec quelques siècles de retard. Toujours est-il que ces massages physiologiques et symboliques favorisent une meilleure respiration pulmonaire et cutanée, tout en apprenant à l'enfant ses propres limites — qui ne sont plus celles de la mère — et en l'accueillant, lui, à part entière dans son premier environnement, auquel succéderont d'autres environnements et d'autres imprégnations. Évidemment, une bonne vibration, une bonne imprégnation amèneront un meilleur accueil, une meilleure paix que ne le peut l'hôpital, et la séparation qui lui est liée.

Un toucher insuffisant, en qualité et en quantité, provoque des séquelles chez le jeune enfant. Insupportables, pleurant toujours, anxieux, ne se sentant vivre ni physiquement ni psychiquement, certains iront même jusqu'à développer certaines maladies de peau, eczéma, allergies... Pas assez de toucher ou bien un toucher suffisant, mais d'une mère crispée, anxieuse elle-même, aux gestes brusques et saccadés, peuvent provoquer le même effet négatif. La séparation, la « prise en charge » de son corps par l'enfant ne s'est pas faite harmonieusement dans ces cas limites — que l'on ne peut pas généraliser heureusement —, et cela nous montre que le sens du toucher n'est pas seulement physiologique. « Se sentir bien dans sa peau », voilà tout un programme, de toute une vie.

Le toucher, apparemment sans passer par le cortex, nous

offre une multitude de possibilités : modifications de l'état de conscience, relaxation, acceptation et non-confrontation d'avec la douleur... Le tonus musculaire du bébé se modifie positivement sous l'effet des vibrations du toucher. Nous-mêmes, poings fermés, ne ressentons-nous pas colère ou angoisse ? Nos émotions peuvent s'imprimer dans nos doigts, pour frapper la table, caresser une harpe, interroger une œuvre d'art.

Et pour souligner la synesthésie dans ce chapitre aussi, comment ne pas évoquer les liens entre l'audition et le toucher ? Nous nous laissons détendre par le bruit de la mer, par le vent dans les branches, sursautons à un coup de tonnerre, nous laissons toucher, cingler ou caresser par une voix, grinçons des dents et avons la chair de poule pour un crissement de craie... La peau est sensible aux vibrations sonores. La synesthésie, que l'on dit reçue en héritage par les peuples primitifs, présente aussi chez le bébé, est-elle réellement primitive ?

BOUGER, TOURNER...

Les sens « classiques » (vue, odorat, ouïe...) nous renseignent sur le monde extérieur. En revanche, lorsque nous abordons le mouvement et le sens de l'équilibre, il nous faut chercher au plus profond du squelette, muscles, tendons, articulations. En effet, tout mouvement ou rotation exigent contraction et relâchement de muscles antagonistes, cohésion mécanique des os et articulations. Interviennent là encore récepteurs sensoriels et voies nerveuses vers le cerveau.

• Le mouvement
Garder son équilibre pour un jeune enfant ou un adulte, *c'est apprendre à coordonner les informations visuelles, proprioceptives et celles provenant d'une partie de l'oreille.*
— Coordonner les informations visuelles pour repérer notre environnement. Fermons les yeux et nous comprendrons tout de suite le rôle de la vue à travers notre soudain vertige.
— Coordonner les informations proprioceptives données par les multiples récepteurs logés dans les muscles, tendons, articulations, et dans la plante des pieds.
— Coordonner enfin les informations fournies par les cavités et conduits de l'oreille : ces cavités dans lesquelles baigne un liquide et où flottent des cristaux de carbonate de calcium (otolithes), ainsi que les voies nerveuses et les cellules

sensorielles, nous renseignent sur les mouvements dans les différents plans spatiaux. Rôle à signaler, ils permettront également la coordination des mouvements oculaires, indispensables à la lecture notamment. Ainsi, l'analyse et la synthèse par le cerveau de ces multiples informations, tant internes qu'externes, conduisent à la représentation du schéma corporel, c'est-à-dire la représentation du corps dans l'espace. Cette maturation des cavités et conduits de l'oreille prend sa place très tôt dans la vie fœtale. Canaux semi-circulaires, récepteurs otolithiques se différencient autour des sept ou huit premières semaines de gestation, tandis qu'à l'intérieur des cavités, les cellules de soutien et les cellules sensorielles achèvent leur maturation entre quatorze semaines et cinq mois. Anatomiquement, si les structures sont prêtes de façon précoce, qu'en est-il de leurs caractéristiques fonctionnelles ?

C'est grâce à des observations comportementales que l'on peut tenter de répondre à la question : incurvation de la tête, saccades oculaires, mouvements conjugués des yeux. A la naissance, ces comportements sont présents, ce qui montre une maturation bien engagée, même si celle-ci ne s'achèvera (myélinisation, etc.) que dans les semaines ou les mois qui suivent. L'oreille joue un rôle fondamental dans les premières coordinations sensorimotrices qui suivent de près la naissance : port de tête, position assise, etc., en collaboration avec d'autres systèmes sensoriels et le système nerveux en général. Quant au fœtus, il est probable qu'il voit ses structures responsables du mouvement constamment stimulées par les mouvements aquatiques ou les déplacements de la mère. Celui-ci intervient aussi très probablement dans les trois-quatre mois qui précèdent la naissance, lorsque le fœtus pousse des pieds pour se placer et s'orienter. Bien avant que sa mère ne puisse le percevoir, le fœtus bouge : c'est à sept semaines et demie que le fœtus fait son premier mouvement, qui sera suivi bientôt d'une mobilité du corps dans sa totalité. Au-dessus de vingt semaines, le répertoire du fœtus devient plus varié : sursauts, hoquets, mobilité du corps, ou d'un membre, mouvements de mâchoires, déglutition, succion, main portée au visage, bâillement, étirement. Ce sont d'ailleurs les mouvements qui persistent juste après la naissance, dans le berceau. Après seize semaines, la main s'approche du visage et commence son rôle exploratoire, qu'elle conservera tout au long de sa vie. « Ne touche pas ! Enlève tes mains !... »

La respiration et les mouvements du diaphragme qu'elle entraîne apparaissent entre quinze et vingt semaines. « Répétition » du fœtus qui va commencer sa vie aérienne. Cette répétition est d'ailleurs déjà troublée par un manque d'oxygène, une cigarette, de l'alcool... A la même époque (quinze semaines), les yeux commencent à bouger par saccades, et, là encore, les manifestations de ces mouvements oculaires sont perturbées par une dose de calmants ou par manque d'oxygène. Yeux et respiration son liés : leurs activités s'accentuent pendant certaines parties du sommeil — le sommeil paradoxal —, trait qui persiste chez l'enfant et l'adulte. Période de rêve chez l'adulte, sans doute aussi chez le fœtus, mais songes dont nous ne pouvons imaginer la substance. La maturation de la main, et de la préhension qu'elle permet, suit des étapes pour le moins curieuses : chez le fœtus et à la naissance, il y a possibilité de saisir un objet, possibilité qui disparaît dans le mois suivant pour réapparaître vers 4 mois. La marche est un autre exemple de cette maturation régressive : à la naissance, le bébé marche, c'est-à-dire que les mouvements de ses jambes sont réguliers. Ce comportement disparaît lui aussi très vite pour ne réapparaître que plus tard — selon le rythme de chaque enfant.

Les différentes images sensorielles seront associées à ce mouvement, et, chez le bébé, on assiste à une synesthésie, c'est-à-dire une interpénétration de perceptions : entendant un son, le bébé tournera simultanément les yeux vers la source sonore et « saisira » le bruit avec ses mains. Cette synesthésie disparaît peu à peu avec le temps, ce qui est fort dommage, nous le verrons plus loin. Vers 5 mois, le contrôle visuel sur les objets n'est pas déterminant pour engager le mouvement. Si l'on montre un objet à un bébé et que l'on éteint la lumière, l'enfant saisira l'objet sans hésitation et sans tâtonnement. Est-ce une « vision aveugle », est-ce une localisation non visuelle dans l'espace ? Cette faculté disparaît d'ailleurs vers 7 mois et ne réapparaît, très vive, que vers l'âge de 1 an. Peu d'entre nous sont capables spontanément d'utiliser cet apprentissage, et nous verrons pourquoi il peut être important d'exercer, pour lui seul, ce sens du mouvement et de l'équilibre, qui permettra par la suite beaucoup plus facilement l'intégration d'images auditives, visuelles, olfactives...

Pour conclusion, il serait bon de prendre conscience que le « schéma corporel », cette image du corps dans l'espace, apparaît avant que ne parvienne une représentation visuelle, auditive ou tactile de l'environnement. Par là même, il faudrait considérer ce sens du mouvement comme un sens à part entière.

VOIR, REGARDER...

• La vision

Nous abordons maintenant le sens de la vue, maître incontesté de toute perception sensorielle, par lequel nous pensons appréhender le monde entier. L'œil et la vision poursuivent leur croissance plus tard dans la vie fœtale, avec quatre-cinq mois, et n'achèvent leur maturation que dans les premières années de la vie. C'est l'organe des sens le plus perfectionné, le plus complexe, et qui, par ses qualités, s'impose à tous les autres sens avec lesquels il agit en synergie : votre main touche et l'œil contrôle que ce n'est pas du verre brisé, vous courez et l'œil parcourt le chemin pour vous éviter un trou, vous sentez le brûlé et vous vous précipitez pour reconnaître les cendres des carottes et du poulet. Jusqu'à l'inattendu, mais vrai : « Une minute, je ne l'entends pas, je vais mettre mes lunettes... » Enfin, le « Je vois », qui signifie « Je pense, je comprends », et qui lie de façon indissociable la vue, la pensée et l'apprentissage. Dans le noir, ou privé de vue, l'être humain a du mal à rassembler ses idées, l'aveugle par accident souffre de cette impression de ne plus pouvoir réfléchir. La lumière, qui atteint notre œil et frappe la rétine, est à l'origine de ces impulsions électriques (après maintes transformations biochimiques) qui parcourent le nerf optique jusqu'au cerveau, devenant alors image mentale.

On lira couramment dans la littérature qu'un faisceau de lumière est composé d'une multitude de photons qui se déplacent rapidement, selon une onde. Les couleurs que nous voyons dépendent de la fréquence de cette onde, et la sensibilité de la rétine, des plus hautes ou plus basses fréquences, nous permet de percevoir le violet, l'indigo, le bleu, le vert, le jaune, l'orangé, le rouge et les nuances intermédiaires. Ce spectre de lumière visible — bien limité — nous rend aveugles, contrairement à certains animaux (serpents, abeilles...), aux rayons infrarouges et ultraviolets et nous laisse indifférents (apparemment) aux rayons gamma, aux rayons X et aux ondes hertziennes.

Comment est composé l'œil humain ? Le faisceau lumineux traverse toutes sortes de barrières avant de parvenir à la rétine : la cornée, l'humeur aqueuse, le cristallin, l'humeur vitrée ; ainsi peut-on mettre au point sur un personnage, accommoder sur une image. Le rayon lumineux poursuit sa route et va être capté par les cellules de la rétine. *Les cellules rétiniennes, qui sont les récepteurs sensoriels proprement dits,*

Œil

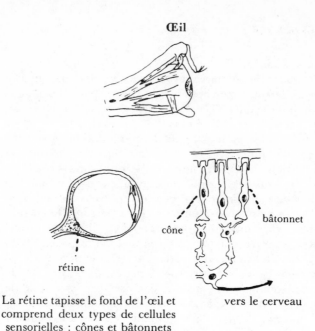

La rétine tapisse le fond de l'œil et comprend deux types de cellules sensorielles : cônes et bâtonnets

vers le cerveau

sont de deux types : les cônes et les bâtonnets. Les premiers, sensibles à la lumière du jour, nous offrent l'acuité visuelle, la précision des formes et des couleurs. Les seconds, adaptés à une faible luminosité et aveuglés par le jour, fonctionnent dans la pénombre. Si les premiers se situent au centre de la rétine, les seconds occupent particulièrement la périphérie. « Regardez du coin de l'œil » nous donnera infiniment moins de détails que « fixer le regard sur », mais l'un nous laissera le loisir d'appréhender une forme générale tandis que l'autre choisira délibérément de s'attarder sur un détail.

Cônes et bâtonnets contiennent des pigments différents, la rhodopsine et l'inodopsine, qui se décolorent à la lumière : c'est la naissance d'une chaîne de réactions entre cellules nerveuses (cellules réceptrice-bipolaire-multipolaire) et de l'acheminement, à travers le nerf optique jusqu'au cerveau, des informations visuelles, codées sous forme d'impulsions électriques. Nous reviendrons avec plus de détail sur les différentes parties, corticales et sous-corticales, sensibles aux informations visuelles. L'organisation fonctionnelle du cortex visuel et une certaine spécificité de réponses possibles existent dès la naissance. Certaines cellules nerveuses s'ajustent et se réajustent au contour des objets, d'autres à l'orientation de lignes, d'autres encore « construisent » les couleurs. Toutefois, une stimulation adéquate dans les premières semaines de la vie est nécessaire pour que cette sélectivité persiste chez l'enfant et l'adulte.

A la naissance, le bébé est loin d'être aveugle, même si la maturation des récepteurs sensoriels n'est pas achevée. Certaines recherches laissent penser que son acuité visuelle lui permet de distinguer son environnement, surtout ce qui est proche et contrasté. Il préfère ce qui est plat, simple et constrasté, et ne s'intéresse que peu à peu à ce qui est en volume, complexe et nuancé. Il doit fixer longtemps son regard sur un objet, avant de le « voir », la conduction nerveuse des yeux au cerveau étant encore très lente. Trop, ou trop peu, n'atteindra pas le regard. L'intérêt visuel se développe selon l'âge par étape : taille, complexité, couleurs...

Quant aux couleurs la question est épineuse... Actuellement, on peut affirmer qu'à 4 mois l'enfant perçoit la couleur, mais on ne peut pas affirmer qu'il ne la voit pas avant !

Je pense qu'un enfant est attiré par une couleur spécifique. Cette couleur, il l'a perçue du temps de sa gestation, en fonction des émotions, de l'état d'esprit des personnes qui l'ont environné et de lui-même. S'il perçoit le violet foncé, par exemple, il aura une perception fine d'un objet indigo ou bleu foncé, ou d'une personne qui s'accorde à cette couleur, et à laquelle il s'attachera. Si l'on savait prendre un enfant par les couleurs qui l'intéressent, il deviendrait tellement « visuel » (dans le bon sens du terme) qu'il parviendrait à voir infiniment plus de choses que nous (corps éthériques, auras...).

Une luminosité trop forte perturbe le bébé (flash, lumière vive...) et l'oblige à fermer les yeux. Une lumière que nous jugeons normale le fatiguera. A l'inverse, il gardera les yeux grands ouverts dans la pénombre et montrera une activité oculo-motrice importante. Il est intéressant de noter, à ce sujet, les traditions de l'île de Pâques où, après la naissance, mère et enfant restaient quinze jours dans une caverne. Ainsi, peu à peu, dans la presque noirceur, l'enfant s'habituait à la lumière. Doit-on relier cette tradition à l'excellente vision nocturne des adultes ? Et, sans aller si loin, ne pouvons-nous observer que, parmi nous, certains conservent une vision nocturne tandis que d'autres, saturés de clarté tout le jour, prennent panique dès que la lumière s'éteint ? Que découvririons-nous si nous acceptions parfois de rompre avec l'électricité et l'habitude de voir pour croire : sans doute un monde plein de nuances...

Certains auteurs parlent d'expérimentation visuelle sur les nourrissons et évoquent pour ce faire les « fréquences visuelles », comme on citerait des « fréquences sonores » concernant l'écoute. Curieuse analogie avec l'audition, la vision du nouveau-né se cantonne dans les fréquences spatiales basses. La netteté est liée à une gamme étendue de fréquences, surtout hautes, que le nourrisson acquiert progressivement.

L'accommodation du cristallin n'est possible qu'en présence de fréquences spatiales hautes. Si le bébé peut accommoder depuis l'âge de deux mois, il ne verra pas pour autant les contours plus nets tant qu'il ne sera pas sensible aux fréquences spatiales hautes. Reconnaître un visage, c'est analyser des fréquences spatiales basses ; le voir flou, c'est ne voir que ces fréquences basses.

La communication visuelle entre la mère et l'enfant a plusieurs fonctions : l'une correspond à la maturité du système visuel et à la découverte du monde extérieur, l'autre est affective car elle « ouvre le dialogue ». L'enfant part à la découverte de sa mère, et les échanges effectués, positifs ou négatifs, accentueront au fil du temps le caractère de l'enfant. Ils détermineront phobies, tendances, goûts affirmés et cette faculté qu'a l'enfant de chercher un refuge auprès d'un objet ou d'une personne, selon son état d'esprit.

On peut établir une relation entre l'état de vigilance et le regard. Lorsque l'enfant a les yeux grands ouverts et brillants, qu'il respire régulièrement et que son activité motrice est réduite, ses yeux exécutent toutes sortes de mouvements et de poursuites oculaires. Cette attention varie d'un enfant à l'autre et dépend sans doute moins de l'âge que de la maturation du système nerveux. Quand il n'y a rien à voir (une page blanche), le balayage des yeux devient anarchique. En présence de bandes colorées, l'activité oculaire s'organise, présentant de courts mouvements le long des frontières.

Dans les premières semaines de sa vie, l'enfant sera d'abord attiré par le visage qui remplit les conditions visuelles, tactiles et motrices nécessaires à son bien-être, sa sécurité ou tout simplement, à sa vie. Avant 6 semaines, le bébé suit du regard les frontières : cou et visage, cheveux et visage, le nez, la bouche. Ce contact mère-enfant entraîne d'ailleurs une communication verbale, la mère lui parle ; tactile, kinesthésique, elle l'embrasse, elle le prend. Une mère s'inquiétera de ne pas saisir le regard de son enfant, s'assurera qu'il est bien vivant parce qu'il la suit du regard. Curieusement, lorsque la mère parle, ce n'est pas vers la bouche que se dirigent les regards du nouveau-né mais vers ses yeux. D'après mes observations, je ne trouve pas cela inattendu. L'enfant perçoit une couleur chez sa mère, qui peut être celle des yeux (ou des fards). La couleur apporte la vibration, fait naître le visage auquel l'enfant va s'accrocher affectivement, surtout s'il correspond à ses préférences chromatiques.

Cette communication visuelle atteindra son apogée vers 1 ou 2 mois, et diminue après 3 mois, comme si, ayant rempli sa fonction affective, l'activité visuelle se tournait alors vers le monde extérieur. Est-il assez riche, ce monde extérieur, se demandent les parents qui emplissent la chambre de jouets et de couleurs ?

Le système visuel devient fonctionnel vers la fin de la vie fœtale, il n'est pas ou peu stimulé dans la pénombre de l'utérus, et pourtant aucune régression ne se produit. Au contraire, si dès la naissance et durant une période critique, les diverses cellules corticales n'ont pas été stimulées de façon adéquate, il se produit une perte d'acuité ou de sensibilité visuelle. On le constate cliniquement chez l'enfant. La loi du « trop ou trop peu » entre alors en vigueur... Ou tout simplement la loi du bon sens. Un environnement trop pauvre comme un environnement trop riche deviendront vite dénués d'intérêt et ralentiront le développement du nourrisson, allant même jusqu'à perturber la vision. Lorsque l'enfant grandit, vers 6 ans, on se trouve parfois confronté à un autre problème : la scolarité commence, l'attention visuelle exigée est intense, les autres sens perdent peu à peu leur signification et un défaut oculaire, myopie ou hypermétropie, peut apparaître. On établit une corrélation entre l'alimentation et la myopie (plus de gâteaux que la moyenne), la psychologie et la myopie (manque de spontanéité, peurs chroniques). Des querelles s'élèvent pour expliquer cette anomalie : l'environnement est-il responsable ? Ou la génétique ? Toujours est-il que l'activité mentale très élaborée, qui permet l'apprentissage de lettres et de chiffres, et l'attention soutenue à courte distance qu'elle nécessite exigent parfois beaucoup du système nerveux d'un enfant dont le rythme de maturation est plus lent que la moyenne. Des troubles momentanés de myopie peuvent en découdre, passagers s'ils sont traités de façon précoce. Nous ne saurions terminer ce chapitre sans aborder une fois encore la synesthésie, entre le toucher et la vue cette fois-ci. Le sens du toucher et la vision ont la même origine neuro-ectodermique, et si l'un s'est organisé pour « réduire les distances », l'autre au contraire a choisi d'évoluer pour « appréhender de loin ». La vue est un toucher plus lointain. Sensation tactile et sensation visuelle, nées « fausses jumelles », se séparent quant à leur vie propre mais gardent tout de même leur complicité de jadis... Un nouveau-né s'attend à pouvoir saisir ce qu'il voit. Si on le met en présence d'une image virtuelle, par des lunettes spéciales, il tend la main, rencontre le vide et connaît l'une de ses premières frustrations. Vers 6 mois, il interrompra vite pleurs et cris dès qu'il constatera, après une ou deux tentatives, que l'objet est une illusion. La vision établit déjà une certaine dominance sur le toucher, inhibant ce dernier dans certaines circonstances. Plus tard, un enfant s'arrêtera net dans sa tentative de câlin face à un adulte aux traits crispés ou fâchés.

Les sens stimulent la poursuite oculaire : un nourrisson tournera les yeux dans la direction du bruit et cherchera même à attraper le son. Synesthésie très vive du nouveau-né qui s'atténuera dans les mois qui suivent : à l'obscurité, le bébé ne tourne plus les yeux vers le son.

Phénomène digne d'intérêt aussi, la vision de l'enfant dans le noir. A 5 mois, si l'on présente un objet à un bébé et que l'on éteint aussitôt la lumière, il dirigera sa main — sans tâtonner — pour le saisir. Cette faculté disparaît d'ailleurs très vite, pour réapparaître vers 1 an, aussi vive et précise. Est-ce par instinct, ou du fait de la persistance d'une image mentale ? Je pense qu'il ne s'agit ni d'une vision aveugle ni d'un instinct, mais que — plus subtilement —, jouant inconsciemment avec la vibration, le bébé a le pouvoir d'abaisser son taux de vibration jusqu'à l'objet et d'établir ainsi une communication vibratoire avec celui-ci. L'enfant prend l'objet, parce qu'il est l'objet l'espace d'un instant.

Terminant ce chapitre sur une touche synesthésique, nous abordons maintenant le sens de l'ouïe, qui n'est certes pas le dernier à apparaître mais à qui, par commodité, nous donnons le mot de la fin.

ENTENDRE, ÉCOUTER...

• L'audition

Nous vivons dans un monde sonore : le silence, si rare qu'il est d'or, ne trouble pas les sons, la musique ou les mots qui nous entourent. En fait, tous ces bruits sont vibrations, ondes, déplacements dans l'air si subtils qu'un organe s'est spécialisé dans l'écoute et l'analyse de ces fréquences : l'oreille. Dernier décrit dans notre exposé, l'appareil auditif est pourtant différencié et fonctionnel vers cinq mois de vie fœtale. Ainsi, très tôt, le bébé s'imprègne de vibrations sonores, différenciant celles qu'il trouve désagréables (toujours en accord avec la mère), et déjà n'entend plus les bruits auxquels il est habitué (rythme cardiaque, bruits intenses et répétitifs). De même que nous nous accoutumons à des bruits rythmés ou réguliers comme ceux de la rue, de la pluie, ou le mouvement de nos proches.

Toujours dans la vie fœtale, l'enfant se familiarise avec la voix de ses père et mère, les intonations, les timbres de voix. Déjà, il apprivoise le langage, s'imprègne des mots qu'il apprendra plus tard et réagit plus ou moins à des vibrations subtiles, à la présence rassurante, affectueuse, ou parfois nerveuse, anxieuse, de ses parents. On pourrait dire, mais ne pourrait-on pas le dire de tous les organes des sens, que l'oreille joue un rôle dans le développement affectif du bébé, qu'elle ouvre les portes de la communication et qu'elle nous permettra, tout au long de la vie, d'établir les contacts avec nous-mêmes, notre entourage et le monde extérieur.

L'oreille est constituée de trois parties : l'oreille externe, l'oreille moyenne et l'oreille interne.

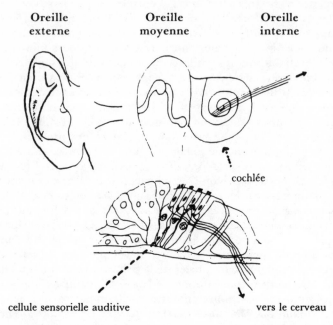

L'oreille externe, moyenne et interne captent les sons et les cellules sensorielles auditives dirigent les informations vers le cerveau.

L'oreille externe, avec son pavillon et son conduit auditif, joue le rôle de capteur de sons, qu'elle amplifie ou filtre à son gré — à notre gré surtout —, selon la fréquence de ces bruits et l'importance que nous leur donnons. Le bruit de la pluie ne nous gênera pas tandis que le clapotis d'une inondation nous tirera aussitôt du lit. Fréquences aiguës et graves sont inégalement perçues par ce filtre et amplificateur. Chez certaines espèces, le pavillon de l'oreille s'oriente pour localiser précisément la source du bruit. Le chien « joue » des yeux et des oreilles pour analyser une odeur, repérer un chat, identifier un bruit. En revanche, l'homme, qui a perdu cette qualité, doit tourner la tête pour suivre *de visu* ce que l'oreille a décelé. La membrane du tympan qui vibre sous l'onde sonore masque la limite entre l'oreille externe et l'oreille moyenne.

L'oreille moyenne, royaume des « forgerons », *comprend l'étrier, l'enclume et le marteau,* trois osselets qui communiquent vers l'arrière avec la mastoïde et vers l'avant avec la trompe d'Eustache et le pharynx. Le jeu des muscles de ces osselets intervient par réaction dans la posture du corps pour émettre voix et chant, tout déséquilibre se répercutant sur l'harmonie des sons émis. Tendre l'oreille, c'est ouvrir le chemin aux vibrations sonores à travers le conduit auditif et le corps. L'oreille moyenne joue un rôle prépondérant dans l'amplification et la régulation qui seront alors transmises à l'oreille interne.

L'oreille interne comprend deux composantes, le vestibule, sensible aux déplacements de forte amplitude (mouvements, sens de l'équilibre), *et la cochlée,* sensible aux déplacements infiniment plus subtils que sont les vibrations sonores. Le vestibule comprend l'utricule, la saccule et les canaux semi-circulaires qui lui permettront d'intégrer respectivement les mouvements horizontaux (la tête particulièrement), les mouvements verticaux (la colonne vertébrale surtout) et les postures contrôlées dans les trois axes. Le bon état du vestibule est d'une importance primordiale pour la réception : en effet, selon leur fonctionnement préalable, la cochlée et sa spirale pourront alors recevoir les sons, qu'elles transforment en impulsions électriques, seul langage que puisse comprendre le cerveau. On parle généralement de la cochlée comme organe de l'audition. Pour ma part, je mentionnerai plutôt des circuits de l'audition, composés des structures mentionnées ci-dessus.

Deux types de cellules sensorielles s'entraident dans le phénomène de l'audition ; les cellules ciliées internes, branchées directement sur le nerf auditif, et les cellules ciliées externes, jouant un rôle dans la réception. Ainsi, le son, après son passage par les canaux semi-circulaires et la saccule, atteindra la cochlée, et sa spirale, et l'ébranlera en différents points selon la fréquence sonore : aiguës vers la base de la spirale (proche de l'oreille moyenne) et graves vers la pointe de la cochlée. Les cellules ciliées externes réagissent en se contractant et en modifiant la rigidité de leurs cils et ce jeu de mouvements permet un accord parfait avec la fréquence captée. Les cellules ciliées internes ont alors tout loisir, dans les meilleures conditions de sensibilité et de discrimination de fréquence, de traduire cette vibration en impulsions nerveuses. Le rôle des cellules ciliées externes n'est certes pas à négliger, et, si nous avons pris la peine de les présenter succinctement, c'est parce qu'elles peuvent être responsables de troubles de l'audition, en apparence bénins mais qui peuvent s'aggraver à long terme. Les cellules ciliées externes, en communication directe avec les sons, peuvent ne pas transmettre l'entièreté et la justesse de l'information aux structures vestibulaires, puis à la spirale. Apparaît alors une disharmonie dans les circuits auditifs. Ces cellules, très fragiles, sont facilement atteintes par les bruits violents, ou certains médicaments, commes les antibiotiques. Leur faiblesse atteindra par voie de conséquence la sensibilité du vestibule et la sélectivité en fréquence de la cochlée. Ainsi une personne, ou un enfant, pourra présenter un audiogramme normal, avec des seuils auditifs dans la moyenne, mais connaître des anomalies dans la discrimination des fréquences, anomalies qui pourraient notamment se répercuter sur l'apprentissage des mots et de la lecture (dyslexie, etc.).

« Avant-garde » de l'audition, « tireurs d'élite », les cellules ciliées externes, lésées par des bruits violents, ne pourraient-elles pas l'être aussi par un usage abusif de casques d'écoute, qui ne laisse guère le loisir d'ajuster sensibilité et fréquence ?

Tout notre corps vibre lorsque nous écoutons un bruit, une musique, une voix qui nous tiennent à cœur. Nous nous laissons emporter par un rythme de danse, nous ressentons une profonde émotion sur un concerto de Rachmaninov, cette voix bien connue nous « prend aux tripes », et cette craie qui grince sur le tableau noir nous donne la chair de poule... Autant de manifestations physiologiques, profondes ou superficielles qui mettent en évidence les relations étroites entre l'oreille et les sensations tactiles et viscérales. Certains yogis parviennent, à force de mantras et de méditation, à respecter, contrôler et écouter ces rythmes internes accordés sur des rythmes cosmiques. Nous n'en sommes pas là, mais notre oreille est toutefois innervée par des terminaisons du nerf pneumogastrique (dixième paire crânienne) qui appartient au système parasympathique. Ce nerf « visite » le tympan, le conduit auditif externe, le pharynx, le larynx, les poumons, les viscères, les reins, la vésicule biliaire, enfin la presque totalité de notre corps. Il contrôle les rythmes vitaux, cardiaques, respiratoires, de reproduction, d'alimentation, de sommeil, qu'il pourrait maintenir en harmonie avec les rythmes de la nature. Ce n'est que rarement le cas, le stress, la peur... attaquent sans pitié la sérénité de ce système nerveux. Surviennent alors mésententes entre la voix et le corps. La peur qui paralyse nous fait perdre la voix, un cri strident augmente notre frayeur...

« Chanter, c'est mettre à l'unisson l'air environnant et l'air intérieur », disait Platon. Le corps doit être détendu pour que la voix s'élève, pure dans son chant ; et une voix libérée, fluide, amène vibrations agréables et légèreté de corps.

Quelles fréquences sont audibles pour nous ?

A quelle intensité sommes-nous dérangés, ou charmés ?

Le son est formé d'ondes qui, se propageant dans l'air, font naître des vibrations. Ces vibrations, que l'on caractérise par leur fréquence, sont propres à chaque son. Plus le son est aigu, plus la fréquence est élevée. L'appareil auditif, à travers les âges et les animaux (insectes, oiseaux, mammifères...), accorde à chacun une sensibilité de fréquence qui agit de concert avec le milieu et la survie. Les reptiles, éminemment sensibles aux vibrations du sol, ne reçoivent en effet que les fréquences graves et les infrasons et sont sourds aux fréquences élevées. Le papillon couvre une gamme sonore de 10 000 à 100 000 hertz. Quant aux dauphins, leur écoute compense un odorat faible et une vue impossible dans l'eau trouble : émettant des « clics » sonores, ils écoutent la réponse et la traduisent en termes d'obstacles éventuels. L'écholocation, ce phénomène que l'on trouve aussi chez les chauves-souris, permet à celles-ci d'émettre des ultra-sons (environ 120 000 hertz) et d'entendre la réponse « réfléchie » du mur ou de la proie. Le dauphin, quant à lui, étend sa sensibilité sonore jusqu'à 150 000 hertz. Au-delà de cette fréquence, les ultra-sons peuvent devenir dangereux, par les dommages qu'ils entraînent, lésions, brûlures et même la mort ; 250 000 hertz dans l'eau tuent les poissons.

> Sans aller vers ces extrêmes, on peut concevoir qu'un appareil auditif, notre oreille par exemple, même si elle n'entend pas certaines fréquences aiguës ou graves (ultrasons ou infra-sons), peut être malmenée par les vibrations répétées de ces fréquences.

Le chien perçoit des sons entre 15 et 50 000 hertz, dépassant l'homme qui est cantonné entre 16 et 20 000 hertz. Ainsi explique-t-on la réponse du chien, ou la réaction du chat, aux sons suraigus de différentes sources (sifflets à ultra-sons, etc.). Ces chiffres cités sont ceux que l'on trouve dans la littérature. Je ne suis pas certaine qu'ils soient exacts et je pencherais, notamment pour l'homme, pour une sensibilité comprise entre 1 et 45 500 hertz et pour le chien entre 1 et 58 000 hertz. Une sensibilité possible, certes, mais pas nécessairement acquise à chaque être humain ou canin. Nous avons cité ces circuits de l'audition, qui peuvent présenter des disharmonies, disharmonies répercutées dans l'analyse fine du cerveau. Ainsi, idéalement, une bonne écoute exigerait une communication exacte et pure de toutes ces structures. Des yogis arrivent à cette perfection, des enfants la possèdent spontanément, avant que ne surgissent les « défauts », sorte de brouillard mental qui obscurcit les routes du cerveau. Comment développer cette communication parfaite et cette écoute que certains jugent surhumaine ? Soit par des techniques progressives de stimulation auditive, soit par un désir profond d'y parvenir, soit par intuition...

Entendre une gamme de fréquences ne signifie pas reproduire cette gamme de fréquences. Le chat, notamment, ne s'exprime qu'entre 700 et 1 500 hertz, le chien entre 450 et 1 100 hertz. Nous-mêmes, nous mettons le maximum de la compréhension verbale entre 1 000 et 2 000 hertz d'une part, entre 2 000 et 4 000 d'autre part. Entendre bien le langage nécessite toutefois une bande passante de 10 à 10 000 hertz. Le téléphone ne nous offre qu'une bande passante de 300 à 3 400 hertz, essentielle pour la compréhension verbale, insuffisante pour certaines lettres « sifflantes » (aiguës). Les langues qui peuplent le monde se répartissent dans la gamme de fréquences : certaines se cantonnent dans des fréquences moyennes, tel le français, d'autres puisent leurs caractéristiques dans une gamme plus étendue vers les aigus, comme l'anglais, ou vers les graves, comme l'espagnol.

Si l'on chuchote près de vous, il vous faut tendre l'oreille pour saisir les paroles. Un concerto de Mozart écouté sans effort est un plaisir de gourmet. Un bruit intense de réacteurs d'avion créera un malaise. Ces nuances, du seuil inaudible au maximum supportable, représentent l'intensité d'un son, que l'on mesure en décibels ; 20 décibels pour un chuchotement, 50 décibels pour la voix normale, 70 pour une rue bruyante, 80 pour la voix chantée, 110 à 120 pour la voix d'opéra, 120 pour un marteau-pilon, 130 pour le décollage du Concorde. Au-delà de 130 décibels, selon la sensibilité de chacun, on atteint le seuil de la douleur physique.

Et le bébé ? Est-il sensible à la fréquence, à l'intensité, à la parole ? Dans sa vie utérine, le fœtus est stimulé par les bruits qui environnent sa mère, les bruits internes, comme la circulation sanguine, les bruits externes comme la circulation routière, la musique ou les paroles. Il ne fait point de doute que l'enfant entend dès sa naissance — le système auditif est parachevé. Expérimentalement, des stimulations sonores provoquent des changements du rythme cardiaque ou de la position du fœtus. Selon les chercheurs (mais on pourrait aussi suggérer : selon les bébés...), les dates d'apparition de sensibilité à la fréquence varient. Agés de cinq mois et demi, des fœtus ont montré des réactions, à 3 000 hertz, d'autres à 1 000 hertz, d'autres vers 8 000 hertz.

A six mois de vie fœtale, on observe un important palier de maturation : des connexions neuronales s'établissent entre structures sous-corticales, dont celles impliquées dans l'audition. Auparavant, vers quatre mois et demi, l'organe de Corti et ses cellules réceptrices ciliées ont achevé leur développement, les terminaisons nerveuses, l'oreille moyenne et l'oreille externe n'ont quant à elles pas totalement achevé leur maturation (vers six, sept mois). Malgré certains décalages entre ces structures, l'audition est tout à fait possible aux environs de quatre mois. Vers sept mois, c'est l'unanimité parmi les chercheurs : le fœtus entend. On peut mesurer les modifications cardiaques et motrices à la suite d'une stimulation. Les messages sonores sont donnés à travers le ventre de la mère, à une intensité de 90 à 120 décibels en raison d'un filtrage important. Ainsi s'il est certain que le fœtus réponde à sept mois, il n'est pas certain qu'il n'entende pas vers quatre mois. Et, s'il entend, intègre-t-il les sons à un niveau cortical ou sous-cortical ? L'immaturité de certaines composantes cérébrales ne le limitent-elle pas dans la réception, le traitement des informations et les réponses qu'il peut donner ? De multiples expériences concordent quant à la sensibilité du fœtus à certaines fréquences : seuls, les sons contenant des fréquences basses, inférieures à 3 000 hertz et comprises entre 500 et 200 hertz, touchent le fœtus. « Toucher » est le mot, car l'enfant réagit de façon neurovégétative, cérébrale et musculaire. La méthodologie doit être soigneusement étudiée pour ne pas provoquer d'artefact : en effet, des vibrations à basses fréquences peuvent atteindre la sensibilité tactile du fœtus, qui est fonctionnelle dès trois mois. Feijoo a pu établir un conditionnement du fœtus, c'est-à-dire la mémoire d'une stimulation sonore, avec *Pierre et le loup,* à 60 décibels. Le fœtus reconnaît la musique et répond par des mouvements actifs, cette mémorisation persiste d'ailleurs tout de suite après la naissance. Actuellement, on n'a pu obtenir de conditionnements ou de réponses aux sons aigus au-delà de 2 000 hertz. Doit-on en déduire que le fœtus ne capte pas ces aigus ? Que, comme chez l'animal, sa sensibilité se cantonne dans les fréquences 'moyennes et ne s'ouvre qu'après la naissance aux fréquences aiguës et graves ? Je crois en une sensibilité du fœtus à une vaste gamme de fréquences et, d'ailleurs, certaines observations sont troublantes : des sons que l'on filtre et dont on ne garde que les fréquences élevées (8 000 hertz) provoquent des effets

sur les jeunes enfants et les adultes. Mozart, par exemple, riche en harmonique, ou la voix d'une femme permettent :
— une ouverture vers le monde extérieur, un désir d'exprimer ses émotions ou de combattre ;
— une angoisse, une douleur psychosomatique ;
— un effet dynamisant ou un effet calmant ;
— des récits, des rêveries ou des dessins, dont l'originalité les met sans doute en rapport avec la vie utérine.

Que conclure ? En fait, si le fœtus ne répond pas à ces fréquences aiguës, cela ne signifie pas qu'il ne les entend pas. Des sons, ou des vibrations sonores à basse fréquence (comme les tremblements de terre) créeront un besoin ou une envie de mouvement, particulièrement des jambes. Des sons plus aigus, comme un concerto de Mozart ou une voix musicale, nous toucheront profondément, mais à un niveau mental, sans pour autant engager nos mouvements. Le fœtus intègre peut-être différentes fréquences basses et hautes, les unes le font réagir, les autres l'ouvrent à une vie, à une pensée, à une réflexion trop subtiles pour nos grossiers appareils de mesure. Maintenant, comment le fœtus capte-t-il ces aigus ? Par les voies auditives classiques, par la colonne vertébrale de sa mère, la question n'est pas encore résolue.

Filtrée à travers le liquide amniotique, la voix de la mère est peu intelligible. Les fréquences au-dessus de 1 000 hertz disparaissent. Le rythme et l'intonation, en revanche, sont bien reconnus, comme le sont aussi, curieusement, les musiques d'opéra. Tout au long de la grossesse, la voix de la mère, par ses silences et ses apparitions, rythme le jour et la nuit. Le fœtus gardera comme références intonation et rythme, qui lui permettront, après la naissance, de reconnaître sa mère à l'exclusion de toute autre femme. Quant aux bruits de l'environnement, si intenses soient-ils, ils n'auront de réelle importance que si la mère y est elle-même sensible. Nervosité, stress, apaisement apparaîtront ou disparaîtront à la fois chez la mère et le fœtus.

Le chant possède des qualités toutes particulières pour la mère enceinte de son enfant. Oui, mais... à condition que le chant soit pur et sincère. Toujours par ce jeu subtil de vibrations, si la femme ou l'homme n'émettent pas de pensées pures, les effets décrits ci-après n'existeront que peu ou pas.

Un enfant dont les parents auront « chanté tout l'été » ne se retrouvera pas démuni comme la cigale, mais au contraire doté d'une habileté de doigts remarquable. Tact et audition agissent de concert... Sons aigus ou graves n'influenceront pas également le corps de l'enfant. Les sons graves (la voix chantée du père) atteignent tronc et jambes, tandis que les sons aigus (la voix chantée de la mère) rejoignent la tête et les membres supérieurs. Le chant, plus que la parole (souvent étouffée), offre une gamme étendue et intense de vibrations et se doit d'intégrer le rythme. Le « massage » neurologique qui en résulte s'étend alors sur l'ensemble des composantes cérébrales. Le chant reste d'ailleurs pour l'enfant un moyen privilégié de grandir dans un monde adulte. Le gazouillis est fondamental pour que l'enfant respire bien, acquière de l'énergie, le babil est un effort pour retrouver la voix maternelle entendue dans la vie fœtale, le chant redresse le corps, donne une impression de légèreté (surtout vers 15 000 hertz). Une voix haute, fortement modulée, s'associe aux gestes, donne au corps des sensations agréables, permet l'intégration des sons et syllabes. Quant à la mémoire, fredonner rappelle souvent un texte... Abandonner la musicalité des mots, lire « tout bas », renoncer au chant, c'est nous priver de plaisirs aussi simples que vitaux...

Le sens de l'audition, lui aussi, offre des possibilités de synesthésie : une voix colorée, un son percutant, une couleur criarde...

L'écoute d'un bruit violent (un coup de canon par exemple) crée un phénomène lumineux, un éclair blanc. Les musiciens perçoivent souvent images et scènes colorées à l'écoute d'une musique. Auditions et sensations tactiles s'unissent parfois : un enfant ressentira au niveau du plexus solaire une « boule de peur » à l'écoute des sons graves d'une voix d'homme fâché (1 000 à 2 000 hertz). Les notes musicales semblent pénétrer notre corps, l'apaiser ou le masser, et nous emplissent d'une vague d'émotion. Suivant la gamme chromatique, des graves vers les aigus, les sons nous procurent sensations de chaleur, de force, de poids, et impressions de légèreté, de finesse et de sérénité. La musique à peine achevée, il nous semble l'entendre encore, comme si les sons, avec leur force et leur légèreté, persistaient dans l'air environnant (tout à fait comme des molécules odorantes). Sacha Guitry le traduit bien, en disant : « Ce qu'il y a de merveilleux dans la musique de Mozart, c'est que le silence qui la suit est encore du Mozart. »

CONCLUSION

Nous voici arrivés au terme de ce voyage à travers les sens. Qu'avons-nous appris ? A travers l'évolution, un élément sensoriel unique a explosé en une multitude d'organes sensoriels : photorécepteurs (visions), mécanosensitifs (toucher, audition), chimiosensibles (goût, odorat), qui eux-mêmes ont évolué selon la branche zoologique. Tous sont constitués de tissus nerveux, tous fonctionnent de façon similaire, tous « palpent » l'environnement. Les sens s'efforcent de décrire une énergie selon des critères limités : pour des fréquences données, l'énergie est transformée en sensations lumineuses, sonores, tactiles. Au-delà de ces fréquences, l'organe des sens ne répond plus, manifeste une douleur ou un retrait. C'est le seuil de tolérance de l'organe des sens, propre à chacun. Les sens poursuivent, et achèvent parfois, leur maturation durant la vie fœtale. Fonctionnels souvent avant la naissance, ils « vibrent » tout au long de la vie fœtale et offrent au fœtus maintes expériences — souvent diffuses, jamais verbales. Ce sont nos premières mémoires, qui ne nous reviendront pas spontanément à l'esprit, mais qui nous influenceront toujours à travers notre amour — ou notre peur — de la vie, nos phobies, notre sérénité. Intuitivement, père et mère, avant la naissance de l'enfant, ou juste après, s'efforceront d'orienter caractère et tendances, en agissant sur ces cinq sens.

Allant plus loin, les expériences de Feijoo ou des « maternités chantantes » révèlent une volonté plus précise d'obtenir un changement de comportement, un conditionnement.

L'homme à travers les siècles a toujours cherché à contrôler le monde, la nature, l'être humain. Son rêve est peut-être d'arriver à la création d'un enfant parfait, son illusion est peut-être d'arriver à fabriquer l'être humain. D'aucuns disent que c'est vouloir se mettre à la place de Dieu, ou d'une puissance divine, d'autres diront que c'est le progrès — la polémique dépasse le cadre de ce livre. Mais dans tous les cas, attention ! L'homme, s'il est créateur, est aussi destructeur. Voulant obtenir la suprématie, il est souvent obligé de détruire ce qu'il y a derrière, ou devant. Vouloir connaître est bien, à condition de ne pas se laisser entraîner par l'attrait de pouvoir agir.

Partant chacun avec des mémoires génétiques, des mémoires fœtales, possédant tous des « outils » génétiques et des outils personnels (notre essence ou notre âme, selon nos croyances), nous ne cesserons de moduler notre mémoire et par là même notre personnalité profonde. L'évolution, commencée dans la vie fœtale, continue sous ses deux aspects : l'un d'ordre affectif, l'autre d'ordre « découverte du monde ». Dans ces deux cas, l'enfant peinera au tout début. Il se laissait vivre au sein de sa mère, il doit maintenant combattre pour contrôler ses échanges thermiques, son alimentation, sa respiration. La peau et le toucher sont affectivement le moyen de retrouver un contact, une entité, la mère dont il ne se savait pas distinct. Un peu plus tard, toucher et geste seront les moyens privilégiés de découvrir le monde environnant. La voix, surtout celle de la mère au début, jouera un rôle apaisant, sécurisant sur le plan affectif. Sa propre voix diminuera les distances, la mère répondant à l'appel, et l'enfant explorera ainsi un univers sonore. La vue tissera des liens tangibles entre la mère et l'enfant : la parole de l'un entraîne le regard de l'autre. Affectivement, c'est un lien rassurant — pour la mère et pour l'enfant —, un peu plus tard, cela deviendra un moyen sophistiqué de « toucher de loin » des objets et des personnes.

Goût et odorat offrent la même dualité, affective par la sécurité, d'exploration à travers la manipulation orale et olfactive. Non seulement tous ces sens offrent des points communs dans leurs fonctions et leur sensibilité, mais encore ils s'interpénètrent bien souvent ; c'est la synesthésie, que nous avons abordée succinctement et que nous approfondirons avec le cerveau. Vue et geste, audition et vue, toucher et audition, vue et odeur..., autant de combinaisons possibles, autant de richesses cachées. L'enfant présente spontanément cette synesthésie, cet instinct « en relief et en couleurs » d'un monde que nous nous efforçons de classer par catégories. Fondamentalement, il fait vibrer à l'unisson de ce monde, être ce qu'il voit, voir ce qu'il entend, approcher ce qu'il écoute. Il est conscient d'un monde de vibrations dont il sait faire partie et avec lequel il joue : il devient arbre parce qu'il vibre comme un arbre, il saisit un jouet dans le noir parce qu'il s'accorde aux vibrations du jouet. Son corps fonctionne comme un tout : il n'y a pas séparation, mais continuité entre ses différentes sensations et perceptions. Il apprend petit à petit à décomposer ce monde selon ses yeux, ses oreilles, au toucher, son odorat... Il perd sa science et doit tout « réapprendre ».

Selon certaines traditions anciennes, en France ou ailleurs, l'enfant ou le fœtus possèdent dons et perceptions qui échappent aux adultes, à l'exception bien sûr des voyants ou guérisseurs. Temps et espace se chevauchent, laissant à l'enfant les souvenirs « d'avant la naissance », ou « d'après la mort ». Il voit les âmes des ancêtres, connaît les dangers de la nuit, ne s'étonne pas d'être entouré de lutins et de gnomes, en un mot accepte le surnaturel. Connaissant le passé, il voit l'avenir et, les embrassant simultanément, il se promène dans le présent. Jusqu'au jour où le petit enfant, riche de sensations, fait place à l'aîné, pauvre de perceptions. Cet aspect de la mémoire, qui se retrouve dans les traditions anciennes, échappe totalement au monde et à la médecine occidentale, et ce, malgré — ou à cause de — sa haute technologie. Ce principe du sixième sens, ou du dix-septième sens, ou tout simplement du sens intuitif, plus silencieux que bavard, plus subtil que matériel, va grandement influencer l'enfant dans son cheminement de vie. On peut observer des mères, apparemment « parfaites » dans leurs soins et leur amour, préférer un enfant, en délaisser un autre sur un plan vibratoire. Et l'on s'étonnera du malaise de l'enfant mal aimé, de sa propension à s'éloigner de sa famille, pour mener à bien son cheminement, sans ces perturbations d'ordre vibratoire. Paradoxalement, on verra une femme enceinte refuser l'enfant qu'elle porte, chercher à avorter, maudire le futur bébé pour voir celui-ci arriver, rose et frais, conscient d'un amour profond, qu'en dépit des apparences sociales sa mère lui avait porté dès la conception. Une vibration d'amour peut protéger de vibrations de haine, comme une apparence de tendresse ne peut contrebalancer une vibration de rancœur. Les mérites du cœur ne sont pas ceux de l'intellect.

Et le temps ? Nous n'avons pas grande idée de la notion du temps chez le fœtus. Le trouve-t-il long ou, absorbé dans ses connaissances et sensations, ne le voit-il pas s'écouler ?

Une fois encore, des traditions populaires — sans doute empruntées à l'Inde — nous laissent rêveurs. Shiva, la déesse du temps, n'apparaît au fœtus que lors de l'accouchement. L'enfant prend alors conscience du temps. On connaît bien la difficulté de certains enfants à appréhender le temps : matin ou après-midi, hier et demain sont mal perçus ou confondus. Or, bien des religions et traditions nous parlent de cette illusion qu'est le temps. Le temps serait-il une dimension de l'espace ? A force de tendre la main pour attraper un objet inaccessible, nous avons développé les yeux qui « saisissent » de loin. Dépassés par la notion d'espace, de mondes et d'au-delà, n'avons-nous pas créé le moyen de les rapprocher, à travers les âges et... le temps ?

Mnémosyne, déesse grecque de la mémoire, chante « tout ce qui a été, tout ce qui est, tout ce qui sera ». Elle accorde au poète et au devin le privilège de voir la réalité immuable et permanente, de pénétrer la mémoire universelle où l'âme puise sa nourriture d'immortalité. La mémoire n'est plus le survol du temps mais l'évasion hors du temps...

De neurone en neurone, le cerveau grandit

Nous voilà au but ! Chacun des organes des sens s'est efforcé de traduire une situation, une image, une énergie enfin, selon sa compétence et ses critères de sélection. Ces traductions que sont les impulsions électriques nées dans les récepteurs sensoriels se dirigent maintenant, à travers les nerfs, vers le cerveau.

Chef d'orchestre incontesté de ces « mélodies », il reconnaîtra leur origine et leur redonnera vie : tout ce que nous avons ressenti renaîtra et notre cerveau fourmillera de pensées, réflexions, images, sons, ensemble vivant et communiquant. Comment le cerveau parvient-il à différencier ces informations ? Nées sons, images ou odeurs, elles se transforment toutes en impulsions électriques, qui se ressemblent étrangement. Est-ce seulement le point d'impact qui détermine le type d'image sensorielle ou sont-ce d'autres processus, infiniment plus subtils, qui envahissent la totalité du cerveau ? Sans doute ne pourrons-nous pas répondre à ces questions, tout au plus commenter des hypothèses et observer chez le fœtus et le bébé la mise en place de ces structures. Le cerveau, tout comme un chef d'orchestre, vérifie la coordination des différents processus : il s'assure que « les violons sont bien accordés », c'est-à-dire qu'il contrôle, en cas de danger, les comportements vitaux ; il « règle les désaccords entre musiciens », en s'assurant qu'une émotivité trop ou trop peu disciplinée ne perturbe pas les fonctions vitales et mentales ; il « accompagne enfin la symphonie jusqu'à son achèvement », en réunissant l'émotion et les sens, l'expérience et l'imagination pour créer pensée, raisonnement ou concepts. On a souvent, pour classer ses aspects différents, fait allusion aux trois cerveaux : *le cerveau reptilien,* responsable de nos comportements de survie (respiration, alimentation, reproduction, cycle éveil-sommeil) ; *le cerveau des émotions* (ou limbique), responsable de notre émotivité et par là même de notre attention ; le *néocortex,* dernier-né de l'évolution, à la source de nos réflexion, de nos mémoires (visuelle, auditive, etc.), de nos capacités d'abstraction et d'imagination. Il ne faudrait pas juger, sur cette séparation arbitraire, que ces trois cerveaux, selon un rythme propre de maturation, entrent en jeu l'un après l'autre dans la croissance du fœtus et du bébé. Ils sont présents tous trois simultanément et, s'ils présentent quelques décalages dans leur maturation, ils n'en sont pas moins capables de s'unir pour offrir au bébé et au petit enfant une richesse de comportements, tant vitaux qu'émotifs ou « intellectuels », avant même l'apparition du langage et de la forme d'expression qu'il permet.

DU SUD AU NORD, LES TROIS CERVEAUX

• Du bulbe rachidien à l'hypothalamus, le cerveau archaïque ou reptilien

Ces structures, réparties à la base de notre cerveau (le bulbe rachidien se poursuit dans la moelle épinière), assurent rythmes vitaux et survie de l'individu. Des faisceaux de neurones logés dans *le bulbe rachidien* (formation réticulée) contrôlent le rythme cardiaque, le rythme respiratoire et la pression artérielle, automatismes dont nous n'avons pas à nous soucier — quand tout va bien. C'est aussi à ce niveau que sont régulés l'alternance sommeil-éveil, le rêve, le tonus musculaire, enfin tout ce qui nous permet une « vigilance » dans la journée et une « envie de dormir » le soir — quand tout va bien. *Le thalamus,* quant à lui, se comporte comme une plaque tournante : recevant les informations sensorielles des organes des sens, il envoie ces influx vers le néocortex, ce qui nous permet de voir, toucher consciemment, et vers les structures sous-corticales, ce qui nous permet d'agir par réflexe ou automatisme — quand tout va bien.

Enfin *l'hypothalamus,* petite structure nantie de grands rôles :

— règle et contrôle la température du corps, en association avec d'autres structures ;

— provoque la sensation de soif et la recherche d'une source (ou d'un robinet) pour étancher la soif ;

— analyse les sensations qui viennent de l'estomac et déclenche la réaction de faim, puis le sentiment d'être rassasié ;

— assure la régulation endocrinienne, c'est-à-dire la sécrétion d'hormones nécessaires au métabolisme humain ;

— enfin, relais de la conduite sexuelle, il organise la suite des comportements qui vont de la parade nuptiale au maternage en passant par l'accouplement et l'éjaculation.

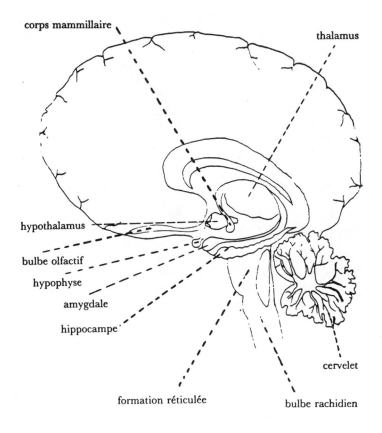

Cerveau reptilien et circuits limbiques (vus de profil)

A ces structures, considérées comme vitales pour l'équilibre énergétique et la survie de l'espèce, sont associées les notions de plaisir ou de désir : une motivation très forte de boire ou de manger peut devenir douloureuse si elle est inassouvie et se calme dans la béatitude si elle est satisfaite. La cocaïne, agissant de façon précise et redoutable sur les neurones de l'hypothalamus et du tronc cérébral, dispense à « haute dose » l'euphorie et le plaisir. De par ses riches connexions avec les circuits limbiques (structures que nous allons étudier maintenant), le cerveau archaïque participera à la naissance des émotions qui seront perçues consciemment par le néocortex, ou qui resteront « non exprimées » dans les régions sous-corticales. Dans les deux cas toutefois, des réactions comportementales peuvent s'ensuivre : on peut fuir un chien suite à un souvenir désagréable, une morsure, mais on peut également paniquer devant l'animal sans raison.

Pouvons-nous agir sur cette composante cérébrale ? D'une façon indirecte, oui : en ne le perturbant pas. Une alimentation régulière, équilibrée, qui n'épuisera pas le système hormonal par ses carences, jointe à une respiration profonde dans un milieu sain et un exercice physique qui augmentera l'activité cardiovasculaire, assure au cerveau sa « nourriture terrestre ». Les neurones possèdent en quantité suffisante le calcium, phosphore, magnésium, cuivre, lécithine, glucose, oxygène... nécessaires à leur activité physiologique.

Normalement..., car certaines personnes savent, par intuition, que la fatigue ouvre, sous un certain angle, une « quatrième dimension » où nous n'avons pas accès en temps normal. Quoiqu'il ne faille en aucun cas négliger le corps physique, il faut tout de même noter que le cerveau serait capable, si on savait le lui apprendre, de fonctionner sans apports physiques. Mais à notre niveau, nous ne pouvons trouver l'accomplissement sous toutes ses formes que si, sur Terre, notre cerveau et notre corps sont en très bonne santé.

Conscients de cet état de chose, nous pouvons alors augmenter notre potentiel.

N'en déduisons pas trop rapidement que, pour avoir une bonne mémoire, il faut manger, boire, dormir et courir... Ce sont les pièces détachées de notre mémoire que nous assemblerons, lorsque l'émotivité et la perception auront joué leur rôle de « mécanicien ».

• Le système limbique ou circuits limbiques ou cerveau des émotions

Pour imaginer cette composante cérébrale, il faut plonger au cœur du cerveau et le découvrir comme un pépin au cœur de la pomme. Lové entre les structures précédemment décrites et le néocortex, il entretient de nombreuses communications (par des fibres nerveuses) avec celles-ci, tant vers le haut que vers le bas.

Le cerveau des émotions est appelé aussi système ou circuits, car, loin d'être homogène, il est formé de la juxtaposition de diverses structures : *septum, noyaux amygdaliens, circonvolutions de l'hippocampe, tubercules mamillaires...* Avec l'apparition de cette composante dans l'évolution, les mammifères ont découvert ce qu'était la mémoire.

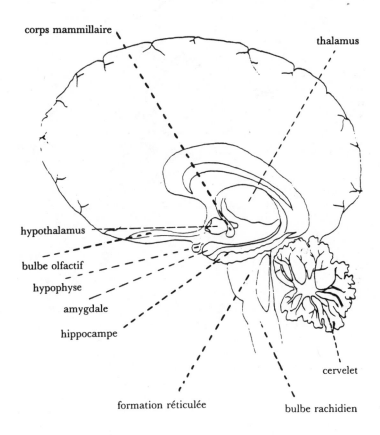

corps mammillaire

thalamus

hypothalamus

bulbe olfactif

hypophyse

amygdale

hippocampe

cervelet

formation réticulée

bulbe rachidien

Cerveau reptilien et circuits limbiques (vus de profil)

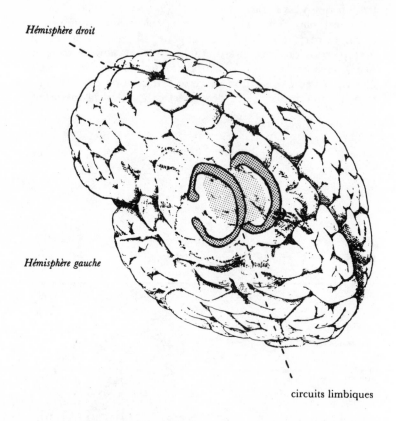

Hémisphère droit

Hémisphère gauche

circuits limbiques

Circuits limbiques (vu de trois quarts)

Retenir une expérience agréable pour s'efforcer de la reproduire, mémoriser une expérience désagréable pour parvenir à l'éviter. Plaisir et douleur, haine et amour, toutes les nuances qui vont de l'un à l'autre (satisfaction, respect, amitié, peur...) constituent notre gamme d'émotions. Parler de l'émotivité de chacun ne devrait comporter aucune nuance péjorative puisque cette émotivité, propre à chacun, mais commune à tous, est le support de notre mémoire. Nous apprenons parce qu'une motivation ou un intérêt nous décident à le faire ou parce que nous craignons une punition. Support de la mémoire, il en est aussi le moteur. Nous devons « ressentir » avant de comprendre et d'apprendre.

Le cerveau des émotions ne stocke pas de souvenirs propre-ment dits, mais il est le lieu de passage de la mémoire. Toutes les informations sensorielles stimulent cette composante qui, à son tour, entraînera la mise en activité du troisième cerveau, le néocortex qui, lui, contient nos souvenirs et fait naître pensées et concepts. Ainsi les circuits limbiques, responsables de notre émotivité, sont-ils liés à notre attention et concentration. Ces qualités, dont on déplore souvent l'absence (tant chez les enfants que chez les adultes), sont plus proches de l'émotivité que de la mémoire et, par conséquent, plus sujettes à être perturbées par un choc émotif. Par expérience, nous savons qu'après un deuil, une faillite, une rupture, nous sommes plus « distraits ». La distraction d'un enfant ou le manque de concentration, s'ils conduisent à oublier, ne sont pas pour autant des troubles de mémoire. Ils sont le reflet de la maturation progressive des neurones, de la prise de conscience de la vie, de certains refus d'entrer dans un monde d'adultes. Ils s'apaisent peu à peu pour autant que l'on sache les aborder chez l'enfant et renaîtront chez le jeune adulte qui affronte les difficultés de l'existence. En fait, problèmes, déceptions, chocs émotifs sont présents de la naissance à la mort, et n'épargnent personne. Profondément touchés, nous réagirons de façon différente, et notre façon d'apaiser ou d'ignorer une émotivité blessée engendrera notre personnalité, façonnée par le passé et l'expérience. Les circuits limbiques et leurs fibres nerveuses sont parfois fragiles. Lésions ou stimulations chez les animaux provoquent des troubles spécifiques : une agressivité ou une rage s'expriment lors de la lésion du septum tandis qu'une stimulation de la même structure apporte du plaisir. Des noyaux amygdaliens, porteurs de lésions, perturbent la motivation dans l'apprentissage (récompenses et punitions ne sont plus perçues). L'hippocampe, lésé, entraîne des troubles de mémoire à court terme, et les tubercules mamillaires, perturbés, empêchent la consolidation des faits récents.

En conclusion, ces circuits limbiques sont le lieu de passage de toutes nos perceptions qui se dirigent vers leur port, le néocortex. Mais un vent trop violent ou un brouillard insondable peuvent les égarer... Il en est ainsi de ce que nous « oublions » parce que nous sommes trop perturbés émotivement pour le saisir. Ce n'est pas un trouble de mémoire, c'est de l'inattention.

Après avoir respiré, dormi, couru, il nous faut maintenant nous apaiser, nous calmer, et ressentir ce qui nous entoure. Que ferons-nous de plus avec le néocortex ?

• Le néocortex

Le néocrotex envahit chez l'homme tout l'espace du crâne. Il se superpose au cerveau de base (reptilien), englobe les circuits limbiques, se répand en plusieurs lobes, temporaux, pariétaux, occipitaux, frontaux. C'est la région du cerveau la plus vascularisée, la plus oxygénée, la plus plissée. Ces plis ou circonvolutions sont une astuce de la nature pour mettre le plus de neurones possible dans le moins de place possible. Ainsi, cent milliards de neurones se répar-

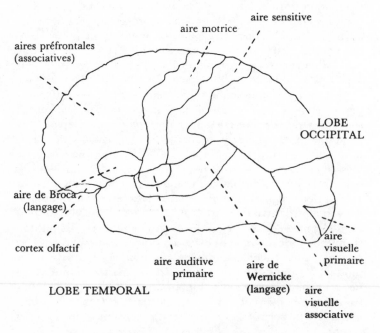

LOBE FRONTAL   PARIÉTAL

aire sensitive

aire motrice

aires préfrontales
(associatives)

LOBE
OCCIPITAL

aire de Broca
(langage)

cortex olfactif

aire
visuelle
primaire

aire auditive
primaire

aire de
Wernicke
(langage)

LOBE TEMPORAL

aire
visuelle
associative

HÉMISPHÈRE GAUCHE (vu de profil)

Néocortex (vu de profil)

HÉMISPHÈRE DROIT

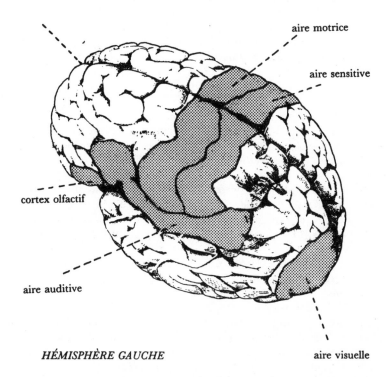

aire motrice

aire sensitive

cortex olfactif

aire auditive

HÉMISPHÈRE GAUCHE

aire visuelle

Néocortex (vu de trois quarts)

tissent dans les différentes aires corticales. Sur ces milliards de neurones, tous ne sont pas utilisés et il ne faut surtout pas se laisser inquiéter par ces « mille ou deux mille neurones qui disparaissent chaque jour ». Malgré ces pertes jugées « affolantes », nous n'avons perdu que quinze pour cent de la totalité de nos neurones à l'âge de 90 ans ! Et, tout au long de notre vie, nous sommes loin d'utiliser toutes les potentialités de nos circuits de neurones. Ainsi, avant de nous préoccuper de ce que nous perdons, nous ferions mieux de nous soucier de ce que nous pouvons espérer ou désirer selon le cas. Le néocortex est constamment en activité. Jour et nuit, les neurones déchargent, échangent leur point de vue, sélectionnent des informations et nous chuchotent la clé de nos problèmes... Nous ne sommes conscients que d'une partie de cette activité, généralement celle dont nous pouvons parler. Toutefois, sans l'exprimer immédiatement, des populations de neurones peuvent poursuivre un travail, une recherche et trouver une réponse à une question. « La nuit porte conseil » ; « Je vais me changer les idées » — phrases qui traduisent une connaissance empirique : il nous est à tous arrivé, renonçant à chercher activement le mot manquant, de le voir surgir à notre esprit quand nous faisions une tout autre activité. Le néocortex entre en fonction — nous l'avons vu précédemment — lorsque les circuits limbiques ont été eux-mêmes stimulés. Les aires auditives, visuelles, sensitives, gustatives, motrices jouent alors leur rôle de réception, d'analyse, et d'identification. Ce sont les aires spécifiques constituées de neurones spécialisés. Les neurones associatifs, neurones dépourvus de spécialité, sont incapables de recevoir une image ou un son, mais vont en revanche tisser des fils d'araignée entre ces aires spécifiques, nos mémoires. Si nous créons, pensons, associons faits divers, expériences passées et projets futurs, c'est grâce à ces neurones associatifs. On ne peut parler de câblage spécifique à leur endroit. Ces populations de neurones ont une certaine mouvance, une plasticité incontestable. Nous pouvons, à tout âge et particulièrement dans l'enfance, établir des connexions entre circuits de neurones, connexions que nous modifions plus tard selon notre personnalité et l'apprentissage sans cesse renouvelé que nous offre une vie bien remplie. Il ne faudrait pas concevoir cerveau et populations de neurones comme un ensemble statique, mais plutôt comme un fondu-enchaîné de perceptions, de communications entre neurones, aires corticales et hémisphères cérébraux. La maturation des aires spécifiques est achevée autour de la naissance ; quant aux neurones associatifs, ils achèvent leur maturation (myélinisation) dans les premières années de la vie et continuent, tout au long des expériences, à s'enrichir de collatérales, ces branches terminales qui permettent l'échange entre neurones. Ainsi, proposer des synthèses, élaborer des concepts, créer d'après nos mémoires et notre imagination dépendent en partie de la multitude de ces connexions et collatérales : c'est, symboliquement, la vivacité d'esprit alliée à une réflexion profonde.

Nous allons maintenant nous attarder sur le néocortex lui-même et décrire plus précisément les différentes aires corticales.

DE L'EST A L'OUEST, LES AIRES CORTICALES

• Aire gustative

Les informations gustatives, nées dans *les bourgeons du goût*, empruntent différentes fibres nerveuses selon leur localisation. Il n'y a pas à proprement parler de nerf gustatif, mais plusieurs voies disponibles : *le nerf vague* innerve l'épiglotte, le larynx, le pharynx, tandis que *le nerf glossopharyngien, la corde du tympan, le nerf facial* et *le trijumeau* se répartissent la surface de la langue. Les sensations gustatives se mélangent ainsi à celles du tact, de la température, et de la douleur ; ce qui rend l'analyse du goût très complexe ; si l'on considère de surcroît que goût et odeur, nez et langue sont solidaires l'un de l'autre. Le point d'impact de ces informations se trouve au niveau du cortex, au fond de *la vallée sylvienne, dans l'insula*. On ne peut pas réellement dire qu'en ce point du cortex naît une image gustative. Le sucre est sucré pour chacun : mais il y a de multiples nuances de « pas assez » à « trop sucré », qui varient selon notre sensibilité gustative, notre hérédité. De cet univers du goût, subtil, multidimensionnel, nous connaissons encore peu de chose et ce que nous percevons, nous avons bien du mal à le comparer ou à le communiquer !

« DES GOÛTS ET DES SAVEURS » (Le goût)

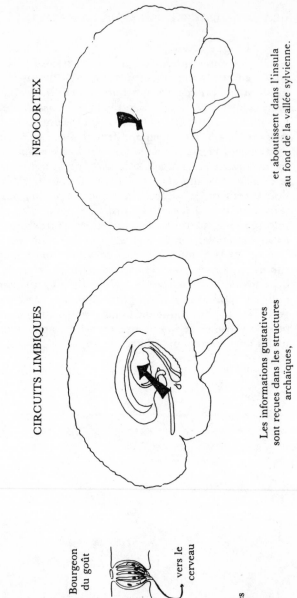

NEOCORTEX

et aboutissent dans l'insula
au fond de la vallée sylvienne.

CIRCUITS LIMBIQUES

Les informations gustatives
sont reçues dans les structures
archaïques,

Bourgeon
du goût

vers le
cerveau

Langue

Les papilles
gustatives, réparties
sur la langue,
contiennent les
bourgeons du
goût.

● **Aire olfactive**

Il est inexact de présenter l'aire olfactive comme faisant partie du néocortex. En réalité les informations olfactives, mises sous forme d'impulsions électriques, se transforment « en image » dans *les bulbes olfactifs*. Ces derniers sont situés dans cette partie ancienne du cerveau, le cerveau des émotions. On ne s'étonne plus dès lors de l'intense émotion rattachée à une odeur fugace : odeur de linge frais ou d'herbe mouillée, qui nous ramène au temps des grands-parents. Les cellules sensorielles tapissant *l'épithélium olfactif* ne sont pas réparties de façon aléatoire. Elles se regroupent plutôt selon leur spécificité et offrent une image d'activation caractéristique au niveau des bulbes olfactifs. Certains laboratoires scientifiques qui se penchent sur cette étude obtiennent des diagrammes d'intensité de réponse selon la nature de la stimulation. Nous avons sûrement moyen de le faire et l'avenir nous amènera sans doute la possibilité de le réaliser : obtenir et analyser les images olfactives selon la substance odorante utilisée ; mais cette étape importante ne doit pas nous faire oublier la complexité de l'olfaction. En effet, des bulbes olfactifs, où elle est mise en forme, l'information gagne l'hypothalamus (régulation neurovégéta-tive), le thalamus (relais des informations sensorielles vers le néocortex), les systèmes limbiques (lieu de passage de la mémoire). Précurseur des autres sens, l'odorat joue certainement un rôle plus profond que nous le pensons. Ami des temples, pagodes et églises où l'encens brûle, il nous entraîne par cette émotivité que l'on pourrait nommer « foi » à l'évasion hors du temps, la méditation et, plus prosaïquement, à une régulation des fonctions métaboliques, un bien-être physique nécessaire à la sérénité.

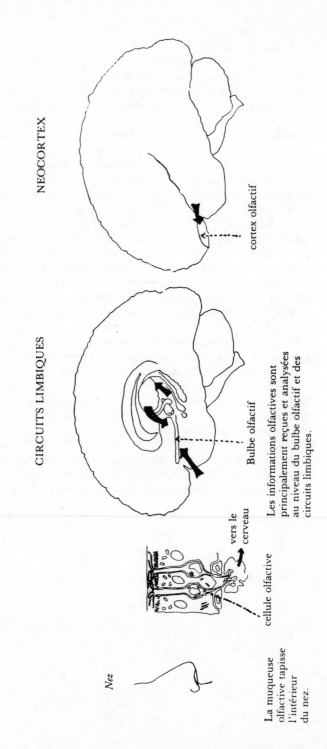

« AVOIR DU NEZ » (L'odorat)

NEOCORTEX

CIRCUITS LIMBIQUES

cortex olfactif

Bulbe olfactif

Les informations olfactives sont
principalement reçues et analysées
au niveau du bulbe olfactif et des
circuits limbiques.

vers le
cerveau

cellule olfactive

La muqueuse
olfactive tapisse
l'intérieur
du nez.

Nez

• **Aires sensitives**

Nous avons décrit différents types de récepteurs sensoriels — plus ou moins profonds — dans la peau. Les informations codées sous forme d'impulsions électriques sont transmises au néocortex par deux voies : l'une rapide et ponctuelle, l'autre lente et diffuse.

La voie rapide comprend peu de relais qui puissent ralentir ou déformer l'information. Si la stimulation tactile est brève et précise, la durée de la sensation corticale sera tout aussi brève et précise : c'est la discrimination tactile.

La voie lente est un dispositif d'alarme qui s'attarde dans le tronc cérébral avant de gagner le thalamus et éventuellement le néocortex. De multiples connexions auront « mélangé » les messages, ce qui explique la difficulté ou la confusion pour décrire des sensations douloureuses ou thermiques. La voie rapide (que ne possèdent pas les vertébrés inférieurs comme le poisson) inhibe dans certains cas la voie lente, en faisant disparaître les informations en cours. C'est ainsi qu'une douleur causée par un heurt ou une piqûre d'insecte s'atténue lorsque l'on frotte. Au contraire, une douleur profonde, qui ne peut être atténuée par la voie rapide, nous parvient dans toute son intensité. Les voies sensitives aboutissent dans le lobe pariétal, en arrière de la scissure de Rolando. Les aires sensitives sont le reflet de la sensibilité tactile de notre corps. Par là même nous constaterons une inégalité dans la représentation des différentes parties : mains, lèvres, et langue auront une place de choix tandis que jambes, bras et tronc seront plus discrètement représentés. On observe chez les rongeurs une extension impressionnante du museau et des moustaches. La représentation du corps dans le cortex ne se fait pas selon la taille réelle des organes, mais selon leur importance dans la vie sensorielle de l'espèce. Les aires sensitives, comme les aires motrices, sont les seules à représenter le corps dans son intégralité : la sensibilité tactile n'est pas limitée aux frontières d'un organe sensoriel (comme l'œil ou l'oreille) puisqu'elle s'étend sur l'ensemble du corps humain.

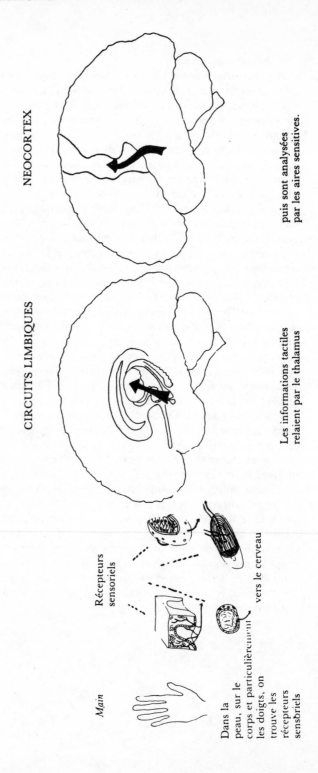

« TOUCHER DU DOIGT » (le tact)

NEOCORTEX

CIRCUITS LIMBIQUES

puis sont analysées
par les aires sensitives.

Les informations tactiles
relaient par le thalamus

Récepteurs
sensoriels

vers le cerveau

Main

Dans la
peau, sur le
corps et particulièrement
les doigts, on
trouve les
récepteurs
sensoriels

• Aires motrices

Les aires motrices, voisines des aires sensitives, sont à l'origine de nos mouvements dits volontaires, de leur coordination ou de leur défaillance. Il est à noter que *l'hémisphère gauche, ses aires motrices et sensitives contrôlent la sensibilité et la motricité de la moitié du corps droit ; tandis que l'hémisphère droit, ses aires motrices et sensitives contrôlent l'hémicorps gauche.* Une attaque au niveau des aires motrices (accident cérébrovasculaire, tumeur...) cause une paralysie à droite ou à gauche, totale ou partielle selon la gravité. Suivre une rééducation, c'est alors mobiliser des circuits de secours — proches de ceux lésés — qui prendront en charge le réapprentissage de la marche, des gestes, etc. Les aires motrices et prémotrices semblent avoir un rôle aussi au niveau de notre pensée. Curieusement, si vous envisagez de saisir un objet, avant même d'avoir fait le moindre geste, une activité électrique se dessinera dans vos aires motrices. Une intention d'action (au niveau cortical) naîtrait-elle parallèlement à la pensée avant d'émettre l'acte-pensée lui-même ? Serait-ce la clé de la réussite des personnes « qui veulent » ? Une rééducation ou une performance sportive sont plus efficaces lorsque le patient ou l'athlète « répètent dans leur tête », par imagination ou visualisation, les mouvements impliqués. Aussi, ne négligeons pas la force de la pensée sur la matière, puisque les aires motrices semblent se proposer en intermédiaire...

« ET BIEN, DANSEZ MANTENANT ! » (le mouvement)
CIRCUITS LIMBIQUES

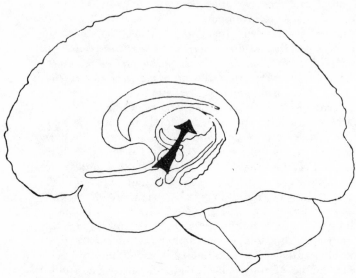

Les informations motrices relaient dans le thalamus

NEOCORTEX

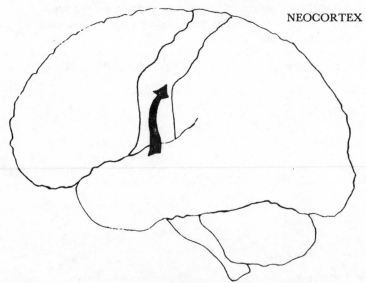

avant d'être analysées dans les aires motrices.

Muscles - Tendons -
Articulations…
comprennent des
récepteurs sensoriels

Les différentes parties du corps sont représentées dans les aires motrices, comme elles l'étaient dans les aires sensitives. La même disproportion apparaît, donnant une importance démesurée aux doigts de la main, au visage, par rapport aux jambes, bras, tête, organes génitaux. Décidément, n'en déplaise aux visages et mains de marbre, mimiques et langage sont les outils privilégiés de notre communication. Les mouvements des différents segments de notre corps (tête, tronc, membres...) vis-à-vis de nous-mêmes et de notre environnement constituent ce que l'on nomme le schéma corporel, c'est-à-dire la conscience de notre corps dans l'espace. Nous tournons la tête pour mieux entendre le son et voir son origine. Nous tendons le cou pour capter avec précision un objet un peu éloigné. Ainsi, notre réalité dépend de nos perceptions sensorielles (œil, oreille, toucher, odeurs...) et des informations provenant de nos muscles, tendons, articulations. Chaque organe des sens propose une image spécifique, qui deviendra une image globale quand tous les sens auront « dit leur mot » et que le schéma corporel les aura « mis d'accord ». Vous n'êtes certain d'avoir cassé votre tasse préférée que lorsque à la reconnaissance du bruit vous ajoutez la vue du désastre. Les informations sensorielles s'intègrent dans le cerveau grâce aux informations — parfois diffuses — du schéma corporel. Ainsi devons-nous connaître les possibilités et limites posturales de chacun de nos segments (poignet, jambe, bras, doigts...) pour maintenir la cohérence de l'espace où se tiennent nos activités.

La représentation de notre corps dans l'espace et dans la conscience s'établit très tôt lors de la vie fœtale, dès les premières semaines, avant que les représentations classiques (vision, écoute...) n'apparaissent. C'est donc en référence au schéma corporel que se développent ces dernières. Tout au long de la vie, la conscience du corps servira de pont entre les canaux sensoriels. Si l'un des canaux vient à manquer (la vue, par exemple), c'est lui encore qui assurera la transposition des informations perdues vers un autre canal. L'aveugle, privé de la vision, développera par compen-sation une sensibilité de l'oreille, un toucher exceptionnel qui lui permettront de ressentir (lui vous dirait « voir ») un obstacle, de le décrire dans son système de référence tout aussi précis quoique différent du nôtre (informations thermiques, sonores...). Passerelle chez l'aveugle, cette trans-position des sens n'est pas inutile pour les voyants. Elle affine chaque sens, réunit toutes les sensations et rend communicantes toutes les perceptions. Elle sera aussi à l'origine d'un « déblocage » ou éveil d'une mémoire perdue...

• Aires visuelles

Les aires visuelles sont localisées en arrière de la tête. D'où peut-être l'expression « avoir des yeux derrière la tête »... C'est une plaisanterie, bien sûr, et pourtant lorsqu'on nous fixe par-derrière avec insistance, nous finissons toujours par tourner la tête...

Les cellules spécialisées, cônes et bâtonnets, réparties au centre et à la périphérie de la rétine confient leurs informations aux nerfs optiques droit et gauche. Les fibres nerveuses des nerfs optiques, après avoir relayé dans le thalamus se dirigent vers le lobe occipital et les aires visuelles. Dès le départ, il faut donc tenir compte de *deux traitements distincts des informations visuelles : l'un au niveau du néocortex, qui nous informe sur les couleurs, la forme, les détails ; l'autre au niveau du cortex archaïque, qui nous renseigne sur le mouvement, la luminosité, la localisation des objets dans l'espace.* C'est sans doute ce dernier système qui accorde la vue aux aveugles lorsque ceux-ci décrivent des obstacles ou localisent une source lumineuse. C'est une transposition de sens. Il est d'ailleurs fort probable que tous nos organes des sens soient sujets à cette dualité, décrite ici pour la seule vision : un traitement cortical, riche en analyse, un traitement sous-cortical riche en impressions plus diffuses. L'un et l'autre, nous le verrons, peuvent être exercés.

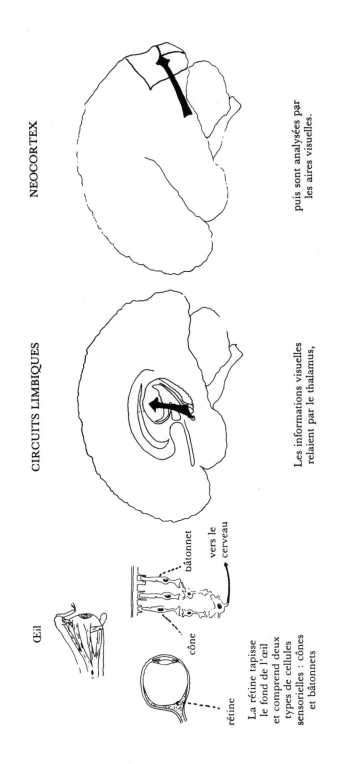

« VOIR POUR CROIRE » (la vision)

NEOCORTEX

CIRCUITS LIMBIQUES

Œil

puis sont analysées par
les aires visuelles.

Les informations visuelles
relaient par le thalamus,

bâtonnet

vers le
cerveau

cône

rétine

La rétine tapisse
le fond de l'œil
et comprend deux
types de cellules
sensorielles : cônes
et bâtonnets

Les informations visuelles ont leur point d'impact au niveau de l'aire 17 : des cellules hautement spécialisées répondent à une stimulation précise. Autour de cette zone d'analyse primaire, gravitent des neurones secondaires ou associatifs, prompts à analyser la couleur ou le relief, à identifier un visage, à reconnaître un viel ami. Nous « voyons », puis nous « regardons », et enfin nous « reconnaissons ». La spécialisation des cellules nerveuses du cortex visuel est remarquable : certaines cellules ne répondent qu'à un œil, d'autres aux deux yeux, certains neurones n'analysent que des barres lumineuses orientées d'une certaine façon, ou des points se déplaçant dans une direction donnée. Enfin, conséquence de cette spécialisation, les cellules nerveuses ont tendance à se regrouper selon leur fonction, aussi bien dans le cortex primaire que dans le cortex secondaire (ou associatif). Par exemple, dans certaines parties du cortex visuel associatif, nous trouverons des cellules sensibles à la trajectoire d'un objet dans le champ visuel, à l'exclusion de toute autre information, couleur ou forme de l'objet. Une zone proche montrera en revanche une forte concentration de cellules sensibles à la couleur, sans tenir compte de la mobilité de l'objet.

Dernière particularité du cortex visuel associatif, le nombre de représentations de la rétine : pas moins de huit, qui se répartissent dans les aires associatives. Cette multiplicité se retrouve d'ailleurs dans le cortex, moteur et auditif, et ne se rencontre sans doute pas dans le cortex sensitif. Jointe à l'hyperspécialisation des cellules, cette multiplicité explique le phénomène curieux des lésions ; notamment, une personne affectée dans son cortex visuel associatif peut perdre une partie importante non de son acuité visuelle mais de sa capacité à distinguer les couleurs. Une autre garde intacte la discrimination des couleurs, mais ne peut percevoir un objet en mouvement. Je pense que ce type de recherche ouvrira des perspectives pour l'étude de la schizophrénie — la difficulté de percevoir les informations provenant de nos sens, provoquant un trouble de l'interprétation cérébrale, puis de la pensée. Ainsi les informations envoyées par le nerf optique sont-elles fragmentées selon leurs caractéristiques et envoyées à qui de droit. Couleur, forme, mouvement ne doivent pas plus être mélangés que le courrier à destination de Paris, Londres ou Montréal. Comment alors le cerveau opère-t-il, quand il « reconstruit » la vue d'ensemble, nous permettant de jouir d'un coucher de soleil, ou d'éviter un ballon ? Peut-être à la façon d'un atlas qui nous révèle les positions respectives de la France, de l'Angleterre, du

Canada ? L'exploration du monde a pris de l'avance sur l'exploration du cerveau et les neurobiologistes ont encore d'immenses efforts à fournir.

• **Aires auditives**

Comme toutes les aires dites spécifiques, *les aires auditives comprennent deux zones d'analyse. La première, point d'impact des informations auditives, est formée de neurones primaires. Le bruit, la musique, la parole sont reçus en première analyse par cette zone, l'aire 41. Autour de ce point d'impact prennent place les neurones d'analyse secondaire, ou associatifs, qui vont identifier le bruit ou reconnaître la musique. Associatives également, l'aire de Broca et l'aire de Wernicke se spécialisent dans la reconnaissance des mots, de la syntaxe, dans l'expression orale et écrite,* en un mot dans la communication linguistique. La conception classique, qui doit être quelque peu assouplie, décrit les aires du langage exclusivement dans l'hémisphère gauche. On entendrait la musique des deux oreilles et des deux hémisphères, mais on comprendrait le langage avec l'hémisphère gauche seulement. Une part importante du cortex est impliquée dans le processus de la communication sociale, comme en témoignent les traumatismes subis par des patients. Selon leur localisation, des lésions au niveau des aires auditives et associatives de l'hémisphère gauche entraînent différents types d'aphasie :

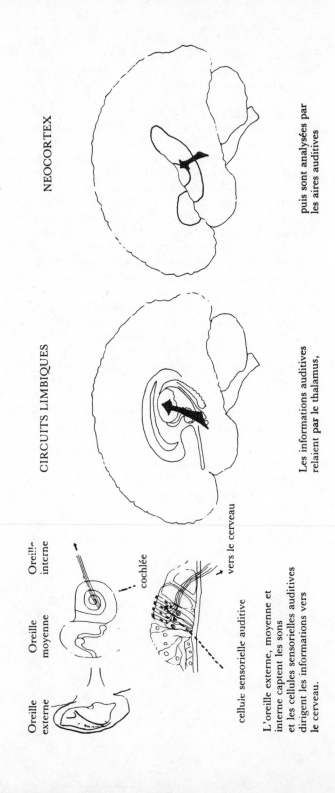

« TENDRE L'OREILLE » (l'ouïe)

NEOCORTEX

CIRCUITS LIMBIQUES

puis sont analysées par
les aires auditives

Les informations auditives
relaient par le thalamus,

Oreille
interne

Oreille
moyenne

cochlée

Oreille
externe

vers le cerveau

cellule sensorielle auditive

L'oreille externe, moyenne et
interne captent les sons
et les cellules sensorielles auditives
dirigent les informations vers
le cerveau.

— l'aphasie de Broca, où le patient commande difficilement les mots qui sortent de sa bouche, parle péniblement par mots ou par syllabes. La grammaire est déficiente, le choix des mots réduit ; à l'inverse, la compréhension du langage reste normale ;

— l'aphasie de Wernicke, où le patient perd la compréhension orale et écrite tandis que le discours reste normal. Normal par le rythme, la phonétique, mais dénué de sens. On parle souvent de jargonophasie.

Citons également les aphasies de conduction, les aphasies amnésiques, les aphasies transcorticales et les aphasies sous-corticales, ces dernières montrant l'implication d'autres composantes cérébrales que les centres du langage pour assurer le contrôle de la parole. Ainsi l'hémisphère gauche joue un rôle prépondérant dans le langage sous son aspect syntaxique et phonétique. Mais certaines lésions de l'hémisphère droit ont montré que celui-ci s'impliquait dans l'intonation, la variation du débit, l'accentuation, enfin tout ce qui ressemble à la musique d'une voix. Les mots fréquents, facilement imageables, sont compris par l'hémisphère droit. Pour schématiser à outrance, nous pourrions dire que l'hémisphère gauche attache de l'importance à la forme du mot tandis que le droit privilégie le sens.

Mots et musique... font-ils partie du même ensemble ? Les uns précèdent-ils l'autre ? Faut-il parler pour chanter, ou avoir chanté pour parler ? Sans doute l'homme chantait-il avant de parler. Selon certains philosophes, les jeux vocaux sont à l'origine de la musique qui précède elle-même le langage. Selon certains biologistes, lors de l'ontogenèse et de la phylogenèse (évolution de l'être humain et évolution des espèces animales), la fonction musicale apparaît avant le langage articulé. Les observations suivantes viennent d'ailleurs appuyer ces faits : un musicien qui a perdu l'usage de la parole (aphasique) peut avoir conservé toutes ses habiletés musicales ou même acquérir un surplus de capacités. Tandis qu'un patient amusique, qui a perdu ses capacités musicales, présente toujours des troubles du langage. Le langage apparaît comme un fils de la musique, fils qui ne prend jamais tout à fait son indépendance. Privilégier musique et chant lors de la rééducation d'aphasiques semble alors tout simplement logique. Le jeune enfant, bien avant de parler, explore les possibilités de sa voix. Les gazouillis, puis de petites mélodies lui font apprivoiser les caractéristiques de la musique : la hauteur d'un son, l'intensité, le timbre et le rythme. L'enfant développe son expression tandis que les composantes cérébrales poursuivent leur maturation.

La hauteur du son : nous savons reconnaître la même note, le *do* par exemple à deux hauteurs différentes. Intuitivement, nous le déduisons. Cette capacité est-elle innée ou acquise ? Nous reconnaissons la même note à deux octaves différents, comme nous savons que teckel et lévrier sont tous deux des chiens, même si leur « hauteur » est différente. Certaines populations de neurones sont susceptibles de traiter la hauteur d'un son et sa périodicité. La musique est un art bâti sur le temps et non sur l'espace. Répétitions et rythmes mémorisés nous procurent des sensations de plaisir. Ils épousent nos propres rythmes, cardiaques, respiratoires, etc., et nous procurent émotions calmantes ou dynamisantes selon leur origine. La notion de hauteur est moins importante dans le langage parlé, à part dans certaines langues dites chantantes. Le chinois par exemple présente des suites semblables de voyelles et de consonnes dont la signification est radicalement différente selon la hauteur du son. Quant à l'intensité, nous ne la contrôlons pas quand un bruit intense nous environne ou, au contraire, quand il nous faut tendre l'oreille pour saisir un chuchotement. Le timbre enfin donnera sa personnalité à la voix ou à l'instrument de musique. Il peut orienter notre attention, nous permettant de suivre le discours d'une personne parmi une foule ou de suivre la mélodie d'un seul instrument en concert. Le timbre est fondamental pour la compréhension du langage : il fait naître des contrastes, permettant de distinguer voyelles et consonnes, de comprendre le sens de la parole.

Un bon conférencier jouera dans le rythme, la hauteur, l'expressivité de la voix. Il « interprète » son discours. Le musicien fera de même avec une œuvre. S'éloignant d'un jeu mécanique et respectueux de l'écriture musicale, il donnera son âme à la musique par de subtils vibratos, changements du rythme, du tempo, de la hauteur. Nous voyons donc la complexité d'une image sonore : les populations de neurones, selon leur capacité, exécutent la réception des informations sonores, reçoivent les qualités de ces sensations (timbre, hauteur, intensité), relient ces qualités dans le temps (rythme), mémorisent cette information (pour la reconstituer ou l'anticiper) et nous procurent une émotion définie. Négliger chant et musique peut créer un déséquilibre de ces composantes cérébrales. Ne mésestimons pas les dons pédagogiques du chant.. Chanter ses leçons n'est pas forcément une fantaisie d'enfant « pas sérieux », c'est une intuition profonde des mécanismes cérébraux de la mémorisation.

LA MATURATION DU CERVEAU : EN FORCE ET EN SAGESSE ?

Quelques remarques sur la maturation du cerveau, tirées de la littérature scientifique.

Tout un répertoire comportemental s'élabore durant la vie fœtale, qui s'exprime à titre d'essai : le sourire, par exemple, présent dans la vie fœtale, n'acquiert — sans doute — son rôle social que vers 6 ou 8 semaines. Chez le fœtus, on peut corréler l'apparition d'un comportement et le degré de maturation du cerveau. Le fœtus acquiert une diversité de comportement, mouvements, hoquets, respiration, mouvement des mâchoires, étirement, bâillement, lorsque se spécialisent les régions du système nerveux, qui se forment les liaisons synaptiques. La réponse à une stimulation se fait d'abord par l'ensemble du corps, tronc et membres (vers dix semaines). Lorsque la sensibilité tactile s'étend à tout le corps, le fœtus peut choisir de limiter son retrait, c'est-à-dire répondre à la stimulation seulement en bougeant un bras. Les membres et segments du corps se mobilisent indépendamment : les échanges synaptiques, facilitateurs et inhibiteurs, sont réalisés entre les zones corticales et les muscles du corps. Avec le temps, une coopération s'établit entre certaines parties du corps. Une stimulation de la paume entraîne une rotation de la tête, l'ouverture et la fermeture de la bouche, des mouvements de langue. Cette coopération chez le fœtus sera suivie chez le nouveau-né d'une aptitude à la synesthésie : la sensation tactile guide la vue, la vue entraîne le geste, l'écoute entraîne la vue, puis le geste, etc. Le nourrisson utilise les informations données par un sens pour guider un autre sens. Toute information passe néanmoins par le thalamus, le cerveau reptilien, qui assurent le « dispatching » de l'information. Les centres sous-corticaux sont capables de prendre en charge une vaste gamme d'activités. Un bébé, né sans cortex, s'éveille, dort, tête, redresse la tête, suce son pouce... tout un enchaînement de comportements structurés.

Le cerveau s'organise lui-même, aucun programme génétique ne peut lui souffler la façon d'agencer les synapses, de coordonner les neurones et d'indiquer aux composantes cérébrales comment fusionner pour agir. Même chez les vrais jumeaux, il n'existe pas de cerveaux identiques, ce qui ne facilite pas, par ailleurs, la tâche des neurochirurgiens !

Le cerveau du fœtus est proportionnellement plus lourd que celui de la mère. Plus gros également que celui du singe, mais moins bien équipé pour survivre. Le cerveau se développe à son rythme propre, différent pour chaque individu. L'environnement a parfois son mot à dire (stimulation variée de nos sens, alimentation...) et doit souvent se taire devant la maturation interne autorisant la marche, ou la propreté. Si le cerveau se développe à un rythme accéléré durant la première année de sa vie « terrestre », il continue probablement son évolution jusqu'à la fin de notre vie quant aux synapses qui se font et se défont, aux circuits qui apparaissent et disparaissent. En fait, le cerveau reflète les exigences de notre environnement : fœtus, bébé, enfant, adulte n'ont pas les mêmes besoins, et il est périlleux de considérer le cerveau du fœtus comme une miniature de celui de l'adulte. S'il est incontestable que des comportements se préparent dès la vie utérine pour la vie aérienne, il n'en est pas moins vrai que certains mouvements, sans être une répétition de ceux de l'adulte, sont spécialisés pour la vie fœtale : pédalage des jambes, cabriole quand le fœtus touche la paroi utérine, mouvement de rétropulsion en s'appuyant sur l'utérus. Ces activités, au niveau du système nerveux, développent la coordination, l'équilibre, le sens de la gravité. Peut-être les mouvements de marche dès la naissance sont-ils le résidu de ces activités aquatiques.

LE LONG VOYAGE DES NEURONES

Descendons à l'échelle au-dessous et observons les neurones : c'est vers la troisième semaine de la vie fœtale que débute la multiplication des neurones ou cellules nerveuses. Celle-ci s'interrompra avant la naissance, sans cause apparente. Parallèlement commence la migration des neurones vers des zones plus ou moins lointaines qui deviendront leur port d'attache. Comment s'y dirigent-ils, quels sont les aléas qui modifient leur parcours, quelles sont les conséquences d'un « égarement » ? Beaucoup de questions sans réponse. On sait tout de même que des lésions survenant lors de l'élaboration neuronale provoquent des dommages irréversibles. Des médicaments pris par la mère, inoffensifs pour elle, se révéleront dramatiques chez le fœtus. Expérimentalement, on a constaté que, chez la souris, une toxine absorbée à un moment précis entraîne sélectivement des troubles de la vision, de l'audition, de l'équilibre et d'autres insuffisances, plus subtiles, comme un manque de curiosité ou d'exploration. Toujours chez la souris, une hyperactivité survient lorsque l'élaboration neuronale a été perturbée en son milieu. Avant cette étape, ou après, les lésions entraînent plutôt une apathie. Ainsi, l'édification neuronale est fragile et peut être menacée à notre insu par l'absorption de médicaments ou par une erreur de migration. La prolifération neuronale se poursuit jusque vers la dix-septième semaine, la différenciation des cellules ne commence qu'à la quatorzième semaine ; les neurones n'ont pas d'identité précise, ils prennent la fonction qu'on leur propose quand ils arrivent au terme de leur voyage. Est-ce parce que la migration a été perturbée que l'adulte éprouve une anxiété chronique, qu'un enfant ne peut tenir assis cinq minutes ? Ou ne peut apprendre à lire ?

DU PLAISIR AU DÉGOÛT...

Nanti de composantes cérébrales en activité et déjà riches, quelles émotions peut éprouver le nouveau-né ? Peu de nuances au tout début séparent l'intérêt face à une saveur sucrée, du dégoût face à une saveur désagréable. La gamme des émotions, surprise, joie, dédain, tristesse... n'est pas encore établie et semble suivre la progression des neurones allant d'un hémisphère à l'autre, permettant le transfert des informations. Or, l'intérêt comme le dégoût ne font appel qu'à un seul hémisphère, le gauche (saveur agréable), le droit (saveur désagréable), comme en témoigne l'activité électrique enregistrée dans chacune des situations. Vers la fin de la première année, le transfert des informations d'un hémisphère à l'autre est déjà bien organisé. L'enfant fait l'apprentissage de la marche, ce qui exige la coordination des membres, la notion d'équilibre et l'activité alternative des deux hémisphères. L'apparition de la locomotion, étape fondamentale, fait naître un désir d'autonomie vis-à-vis des parents, une curiosité accrue pour le monde environnant, et... la peur. Les connexions nerveuses qui rendent possible la marche sont-elles également responsables de l'émotivité nuancée et de la peur ? Les réactions affectives exigent-elles, pour être organisées, la présence des deux hémisphères ? Et un trouble de l'affectivité ne pourrait-il pas naître d'un désaccord entre les deux hémisphères ? Dans sa deuxième année, le jeune enfant, pourvu de qualités affectives et de possibilités motrices, part à la conquête du monde, tandis que les connexions nerveuses, enrichies d'apprentissages, poursuivent leur chemin à travers le cerveau. Le cerveau a besoin de temps pour s'organiser. Dans la nature, le temps n'est pas mesuré, les petits jouent, apprenant à leur rythme — dans des limites raisonnables. L'être humain, avec cette supériorité que lui donne le langage, a oublié ces rythmes. Quand l'enfant parle, il nous rejoint dans notre intellect et nous voudrions que, le plus tôt possible, il lise, écrive, conditions *sine qua non* d'une réussite. Quel type de réussite, lorsque l'on voit un étudiant épuisé par un escalier, un jeune enfant souffrant de dépression, un écolier sans désir de vivre ? Le langage, dernier maillon de notre évolution, est « épuisant », c'est-à-dire qu'il demande une énergie profonde. Le corps, le cerveau, fournissent volontiers cette énergie quand ils sont eux-mêmes excités. Un éleveur saura ménager un jeune cheval pour ne pas le brûler, un agriculteur évitera les plantes forcées qui ne donnent pas de bons fruits, les traditions campagnardes faisaient redouter la précocité intellectuelle, aurions-nous moins de sagesse de nos jours envers un enfant ?

DEUX HÉMISPHÈRES POUR ÊTRE HEUREUX

Jusqu'à présent, nous avons considéré les deux hémisphères comme égaux. Chacun d'entre nous analyse le monde extérieur à sa manière, et ces informations circulent de gauche à droite et de droite à gauche pour être éventuellement comparées, modifiées ou affinées. Cette « conférence au sommet » est permise par le corps calleux, cette structure faite de fibres nerveuses qui relie les deux hémisphères. Présente à la naissance, elle ne devient fonctionnelle que progressivement quand l'enfant grandit, en âge et en sagesse... Nous avons constaté que la seule dissymétrie réelle du cerveau concerne le langage. L'apparition du langage semble déterminer chez l'enfant la naissance de la latéralité : droitier, gaucher ou ambidextre, il choisira sa voie et adaptera dans une certaine mesure ses composantes cérébrales pour répondre à ces exigences, lire, écrire, communiquer verbalement ses impressions, ses connaissances et ses intuitions. En fonction de ses passions, il peut augmenter ou diminuer cette adaptation. Trouver la motivation pour laquelle un enfant ne s'adapte pas, c'est trouver la motivation pour qu'il puisse le faire. Morphologiquement, on observe une surface plus importante du plancher temporal, zone impliquée dans le langage, dans l'hémisphère droit que dans le gauche. Le langage entraîne-t-il un développement accru de ces structures ? La réponse est nuancée : d'autres animaux, tels les oiseaux, les singes, les rats présentent cette dissymétrie tandis que l'on observe ce déséquilibre chez le fœtus, dès la vingt-neuvième semaine.

PARLER ET SE TAIRE...

Physiologiquement, nous avons mis en évidence le rôle de l'hémisphère gauche dans le langage. Les aphasies le proclament : une destruction de ces aires engendre des troubles plus ou moins graves de l'élocution, du vocabulaire, de la grammaire et de la syntaxe. Les lésions de l'hémisphère droit causent apparemment moins de difficultés : celui-ci néanmoins nécessaire au langage, en permettant l'intonation, la variation du timbre, l'insistance émotionnelle et en apportant sa contribution à la saisie du sens, surtout des mots fréquents et imageables. Droitiers et gauchers ne sont pas égaux dans la mobilisation de leur centre du langage. En effet, l'hémisphère droit, par un réseau de fibres croisées, peut contrôler l'hémicorps gauche dont la main gauche et l'oreille gauche. L'hémisphère gauche contrôle main droite, oreille droite et hémicorps droit. Lorsque nous écrivons de la main droite, nous mobilisons : *1)* les aires motrices ; *2)* les centres du langage de l'hémisphère gauche. La ligne est directe, « sans changement ». Lorsque nous écrivons de la main gauche, nous mobilisons aires motrices et auditives de l'hémisphère droit tout d'abord. La « science du langage » de l'hémisphère droit étant inférieure, les informations doivent relayer vers l'hémisphère gauche. Ce détour, par un plus long chemin, peut causer quelques difficultés d'apprentissage, notamment au début, surtout si l'on considère que le corps calleux, qui a charge de ces échanges, n'est pas arrivé à maturation. Mais, par la suite, lorsque le gaucher a compensé cette difficulté, il connaît certains avantages et particularités physiologiques : son système de connexion entre les deux hémisphères est plus riche que chez un droitier « classique », sa latéralisation est moins marquée, les centres du langage sont moins systématiquement à gauche. Trente-trois pour cent des aphasies proviennent d'une lésion de l'hémisphère droit chez le gaucher, contre un pour cent chez le droitier. Le langage et ses attributs sont plus également répartis et n'étouffent pas les manipulations dans l'espace et les capacités visuospatiales. Vivant malgré tout dans un monde de droitiers, le gaucher sera plus volontiers ambidextre. Rares sont les personnes possédant cet équilibre, elles allient vivacité de pensée, rapidité de mouvement et équilibre de l'émotivité.

Ainsi, l'équilibre affectif, tout autant que l'équilibre physique et la coordination motrice impliquent des échanges actifs et réciproques entre les deux hémisphères. Et observons justement ce qui se passe chez le jeune enfant : celui-ci découvre la peur et toute une gamme d'émotions, lorsque les fibres nerveuses établissent les contacts entre les hémisphères. La marche, activité motrice nécessitant l'apport des deux hémisphères, est parallèle aux premières peurs et prises de conscience. Le langage amènera un autre élément de régulation ; le bébé de 18 mois, qui sait parler, se montrera moins inquiet de l'absence de ses parents. Les mots parviendraient-t-il à apaiser les réactions émotives et silencieuses de l'hémisphère droit ? Une absence de régulation entre les deux hémisphères entraîne des troubles plus ou moins profonds de l'affectivité, depuis l'anxiété jusqu'à la psychose profonde. La parole est aux chercheurs qui restent parfois sans voix devant la complexité du cerveau.

L'observation de personnes dont les hémisphères ont été chirurgicalement séparés (section du corps calleux) renseigne sur les particularités de chaque hémisphère. Cette opération a été pratiquée (particulièrement aux États-Unis) dans le cas d'épilepsie grave, ce sectionnement du corps calleux empêchant la crise de se propager d'un bord à l'autre. Les effets secondaires sont déroutants, pour le malade. En effet, chacune des mains travaille maintenant en cavalier seul avec l'hémisphère qui lui correspond. Il n'y a plus d'échange de point de vue. Ainsi, une personne à qui l'on a mis un chronomètre dans la main gauche saura le manipuler, l'arrêter, le mettre en marche, mais ne pourra le nommer. Inversement ce même chronomètre donnera lieu à une reconnaissance verbale mais à une incapacité de le manipuler avec la main droite. Cet exemple schématique met en évidence la supériorité de l'hémisphère droit dans les tâches de manipulation visuospatiales et l'excellence de l'hémisphère gauche dans les activités linguistiques. L'égalité règne, en revanche, dans les deux hémisphères quant à l'habilité de perception (visuelle, par exemple). Cette apparente dissymétrie est-elle réellement le reflet d'un fonctionnement propre à chaque hémisphère, ou évoque-t-elle simplement deux modes différents d'appréhension du monde extérieur, quelle que soit leur localisation ?

Prenons l'expérience suivante, décrite par Gazzaniga : un patient se voit soumis à deux stimulations visuelles indépendantes — l'une une patte de poule, qui est projetée dans l'hémisphère gauche, l'autre une maison enneigée, projetée dans l'hémisphère droit. Sans aucune communication — le corps calleux est sectionné chez ces patients —, les cerveaux ne peuvent échanger, c'est chacun pour soi et à chacun sa réponse. On demande au patient d'associer ce qu'il a vu à des images présentées devant lui. Les deux mains vont répondre : la droite pour l'hémisphère gauche et la gauche pour l'hémisphère droit. La main droite montrera une poule, et le patient expliquera que c'est parce qu'il a vu une patte de poule, la main gauche montrera une pelle à neige... « parce qu'il faut nettoyer le poulailler » ! Que s'est-il passé ? L'hémisphère gauche, habile dans les activités linguistiques, associe la poule à la patte de poule et cette opération mentale parvient à la conscience verbale de l'homme. L'hémisphère droit, tout aussi logique, associe la maison enneigée à une pelle à neige. Mais l'hémisphère droit n'est pas aussi habile dans la perception du langage et si l'information a donné suite à un comportement logique et organisé, elle n'a pu se communiquer au niveau verbal dit « conscient ». L'hémisphère gauche s'est alors senti « lésé ». Ignorant la logique du geste de la main gauche, il s'empresse de le justifier, par une raison fausse. Cet exemple nous donne à réfléchir :

— Il ne peut y avoir de langage sans pensée, mais il y a une pensée sans langage. C'est la vibration, ou la tonalité que nous donnons aux mots, qui les fait vivre et non les mots qui font vibrer notre pensée.

— Ce que nous appelons « inconscient » l'est-il vraiment ou cela fait-il partie d'un autre niveau de conscience qui, non verbal, n'en est pas moins autonome, logique et réfléchi. Un problème peut être résolu quand vous vous concentrez sur la solution, mais il peut l'être aussi, lorsque, lassé, vous vous changez les idées. C'est par « flash » que vous vient alors la solution, une intuition fulgurante, mais qui n'en est pas moins la suite logique de réfléxions intuitives.

— Nous arriverait-il parfois de justifier de façon hâtive par des paroles une action née d'un tout autre espace de notre pensée ? Sans réaliser le procès du langage, ne devrions-nous pas nous mettre de temps en temps à l'écoute de nous-mêmes, dans un silence verbal ? Que de richesses découvririons-nous alors ?

QUAND LA PENSÉE DEVIENT MATIÈRE...

Une association, aussi simple que poule et patte de poule est déjà l'œuvre de la pensée. Localiser le siège de la pensée est impossible. Le décrire de façon neurobiologique est tout aussi ardu. Pourtant il faut bien admettre que la pensée est née de la matière. Elle s'élève, telle une petite fumée, au-delà de nos sensations, de nos mémoires, de nos images. Elle naît d'une activité électrique intense au niveau des aires associatives, se joue des limites imposées, tels les lobes ou les hémisphères. Une incompatibilité entre matière et pensée ? Ce n'est plus si sûr. La physique recule inlassablement la limite de la matière, molécules, électrons, photons en mouvement nous suggèrent que la table sur laquelle nous nous appuyons n'est finalement pas si « solide » que cela. Matière et énergie ont des relations privilégiées et sont de plus acceptées conjointement par la science, puisque mesurables et quantifiables. Pourtant l'une est palpable, l'autre semble impalpable, sauf par quelques « élus » : aveugles, qui ont développé l'analyse vibratoire du monde qui les entoure ; radiesthésistes, qui ont fait la même démarche ; sages et méditants, pour qui le monde est une vaste pensée. La pensée est née de la matière mais n'est plus au même niveau vibratoire. Comme la vapeur s'échappe de cette masse liquide qu'est l'eau. C'est un jeu d'organisation vibratoire, dans le temps et l'espace, qui pourrait faire naître la pensée. Naître n'est peut-être pas le mot juste — il faudrait dire « renaître », car la pensée est sans doute contenue dans la matière-énergie ; c'est une transformation qui la ferait jaillir plutôt qu'une création.

Peut-être est-ce la raison pour laquelle, émettant des hypothèses nouvelles, nous avons l'impression de reconnaître de vieux amis... Cette transformation d'énergie en pensée sera-t-elle un jour mesurable ? Respectera-t-elle les lois de la thermodynamique (conservation de l'énergie) et sera-t-elle quantifiable ? La pensée est subjective, donc plus difficile à mesurer ; mais si nous cernons quelques-unes de ses limites humaines, l'attention, les sens, l'émotivité, et que nous concevons l'importance de la précision exigée de ces éléments, nous faisons déjà un pas vers sa connaissance.

La matière, l'énergie ne sont pas réservées au seul cerveau humain. Est-ce à dire que nous sommes entourés d'énergie, de matière, potentiellement transformables en pensée ? Et qu'ainsi la pensée, phénomène hautement vibratoire, existe autour de nous, éparse dans l'univers ? Devenant « réelle », elle acquiert une indépendance en dehors du cerveau, et il n'y a pas de raison de penser que la transformation est à sens unique. La pensée peut aller vers l'énergie, puis la matière, comme la matière puis l'énergie font renaître la pensée. L'eau, la glace et la vapeur sont trois aspects de la même « entité ». Et chacune d'elles peut se transformer en sa voisine. Certains physiciens reconnaissent d'ailleurs cet immatérialisme de la matière et émettent l'hypothèse qu'il ne peut y avoir de matière sans pensée. Si l'énergie représente une pensée potentielle, elle est précédée elle-même d'une pensée. C'est alors la pensée universelle, bien proche de cette mémoire universelle que l'on retrouve dans les religions anciennes. Nés d'une pensée (« Et le Verbe s'est fait chair »), nous évoluons à travers la matière pour retrouver cette pensée. Si une pensée universelle baigne le monde, d'où viennent les divergences entre humains ? Nous n'avons pas — et de beaucoup — les mêmes pensées, la même intelligence et les mêmes idées sur des sujets aussi fondamentaux que la liberté ou la vérité. C'est là qu'interviennent le cerveau et le corps avec leurs activités neuronales et métaboliques. Et l'individualité de notre corps, de notre cerveau posera un sceau sur la pensée qui nous habite. L'harmonie des organes entre eux, de ces glandes qui sont aussi appelées « chackras » selon le pays ou la religion, le fonctionnement de tout ce cerveau que nous venons d'étudier actualisent cette vibration porteuse d'énergie qui devient alors notre pensée individuelle. C'est une continuité qui nous mènerait de la matière à la pensée et de la pensée à la matière ; cette même continuité que nous retrouvons d'un sens à l'autre, tous s'efforçant de traduire une énergie vibratoire, que nous découvrons d'un organe à l'autre, chacun recevant et agissant de l'un vers l'autre. La formation de la mémoire, de la pensée, de l'intelligence n'est plus limitée aux neurones, mais elle est l'œuvre grandiose d'un corps, d'un cerveau qui vibre au gré de l'énergie universelle, lui donnant forme et le rendant unique, jusqu'à ce que l'homme, éveillé à d'autres vibrations, se fonde par méditation dans cette pensée universelle. Les glandes, fondamentales dans le métabolisme humain, peuvent présenter des difficultés de fonctionnement. Le thymus notamment, nécessaire à la croissance puis dit « dégénéré », prenait un plein pouvoir chez Platon : la parole douce, monocorde, agit sur le thymus, créant un état de calme et de concentration. Il serait bien intéressant de connaître les rapports entre le thymus et le cerveau... Cœur, rate, thyroïde..., sensibles aux vibrations, conduisent l'énergie vers le cerveau, qui s'en nourrira... Chef d'orchestre à son apogée, le cerveau analyse vibrations lui venant des chackras, informations lui venant des sens et réalise la transformation finale vers la pensée. Tous ces étages peuvent être perturbés, et c'est le jeu du « téléphone arabe » qui se déroule en nous, à travers le corps, le cerveau, les neuromédiateurs, prompts à faciliter les échanges, ou à les bloquer. Ainsi, par ces transcendances successives, nous nous accordons la liberté, le libre arbitre, que nous avons de juger notre vérité et d'encourir les conséquences de nos actes.

Ainsi, l'univers se présente à nous sous trois formes : énergie, matière et pensée. Selon leur choix et en vertu de la liberté, les hommes ont choisi leur monde. La médecine occidentale dissèque la matière et soigne les segments du corps, la médecine orientale choisit l'énergie et son parcours à travers les méridiens. Comment appellerons-nous celui qui fait appel à la pensée universelle ? Sage, fou, guérisseur, chaman... ?

De rythme en rythme, la vie s'organise

« Je suis déphasée, les saisons ne sont plus ce qu'elles étaient... Je prends mon rythme... Les jours raccourcissent... Je ne parviens pas à me synchroniser... » Toutes ces expressions révèlent l'importance, plus ou moins consciente, que revêtent les rythmes dans notre vie. Qu'ils soient extérieurs à nous, rythme de rotation de la terre, rythme des planètes, des saisons, des jours et des nuits..., ou internes, rythmes cardiaque, respiratoire, hormonal, cérébral..., ce sont des censeurs qui interviennent dans notre vie. L'homme, en lui-même et face à l'univers, s'ajuste et se réajuste — à son rythme — aux rythmes qui l'environnent, qu'ils soient journaliers, mensuels, annuels, mondiaux, cosmiques ou universels.

Parmi cette valse des rythmes, nous allons nous attarder sur les ondes cérébrales, considérées comme des rythmes rapides.

D'où viennent les rythmes ?

Toute information sensorielle, qu'elle soit provoquée ou spontanée, crée une impulsion électrique au niveau du neurone et de son corps cellulaire. Ce « courant électrique » va se propager le long de l'axone et sauter de neurone en neurone, au gré des circuits fermés. L'électro-encéphalo-gramme enregistre la résultante de l'activité des neurones ; il ne s'attarde pas au détail mais à l'ensemble de l'activation, ce qui nous permet de décrire un état global de vigilance, semi-vigilance, somnolence ou sommeil caractérisé.

LE JOUR

Dans la journée, deux rythmes vont alterner, *le rythme bêta* (14 à 30 cycles par seconde) et *le rythme alpha* (8 à 13 cycles par seconde).

Le rythme bêta est caractéristique d'une vigilance soutenue, d'une concentration efficace. Nous vibrons à un rythme bêta le plus clair de notre journée, l'enfant qui se concentre sur ses leçons est aussi en rythme bêta. L'activité cérébrale intense exige une participation physique du corps et conduit, par excès, à la fatigue nerveuse et à l'épuisement physique, lorsqu'il y a non-aboutissement de l'effort. Épuisement qui se traduira selon chacun par une apathie et l'envie de dormir, ou par une hyperactivité et désorganisation. Au contraire, lors d'une conclusion satisfaisante, la fatigue générale qui nous envahit n'étouffe pas l'énergie stimulante qui monte en nous.

Le rythme alpha se présente spontanément lorsque nous nous reposons. Yeux fermés et yeux dans le vague, nous ne sommes loin ni du sommeil ni de l'éveil. Entre deux eaux, ce rythme amène souvent des sensations agréables, un repos du corps et une qualité de perception. Nous entendons, nous voyons, nous ressentons, plus comme un spectateur que comme un athlète. Témoin de notre activité cérébrale, nous ne la dirigeons pas, nous contentant d'être à l'écoute de nous-mêmes. Socialement, ce rythme est plutôt mal compris : « Concentre-toi » ; « Tu ne m'écoutes pas » ; « Ce n'est pas comme cela qu'on travaille », etc. Pis, on se sent parfois coupable de rêver, d'être dans la lune. Réhabilitons ce frère méconnu du rythme bêta. Si l'un (le rythme bêta) correspond à une concentration soutenue, l'autre (le rythme alpha) évoque une attention dirigée sur soi. Et je soutiens que passer alternativement d'une concentration soutenue à une attention sur soi accorde perceptions enrichies, bien-être et efficacité à l'être humain. Le rythme alpha est prôné dans les techniques de relaxation, méditation, sophrologie, suggestologie. Plutôt que faire partie d'une vie à part, il devrait s'insérer dans les grilles d'activités quotidiennes. Il n'est pas nécessaire d'être allongé ou d'abandonner tout travail pour que les neurones, ou certains neurones, vibrent à un rythme alpha. Il n'est pas non plus nécessaire de fermer les yeux ou de ne penser à rien pour l'atteindre. Il faut seulement sentir les perceptions vibratoires différentes que font naître rythme alpha et rythme bêta, les apprivoiser et les faire apparaître tour à tour, selon nos besoins. Ainsi, ne pas attendre qu'un cerveau, épuisé d'une concentration soutenue, ne vous déconnecte brutalement en changeant de rythme à votre insu. Plutôt prévoir cette fatigue et accorder tout de suite ce qui serait exigé plus tard. « Changer de rythme », varier ses occupations sont un savoir empirique des nécessités du cerveau.

Je mentionnais que chacun de ces rythmes accorde une perception particulière : en effet, lorsque vous êtes concentré sur un objet, plus rien ne compte, vous n'entendez rien, vous ne bougez pas, les murs pourraient s'écrouler, vous ne voyez que votre ouvrage.

Quand vous faites montre d'une attention dirigée sur vous-même, vous prenez conscience de ce qui vous entoure, mais d'une façon plus passive, réceptive ou accueillante, selon votre état d'être. Vous continuez à lire, tout en suivant la conversation des personnes présentes.

Vous trouverez dans ce livre des exercices d'attention-concentration qui respectent cette dualité. La répétition de ces exercices vous permettra de reconnaître, et d'apprivoiser la réceptivité nuancée de chacun de ces rythmes. Et cela nous permettra de les associer, schématiquement, à des façons d'être que nous possédons ou rencontrons autour de nous :

— celui qui impose, sûr de lui, ses opinions, qui montre une concentration soutenue dans la certitude d'avoir raison et qui laisse peu de place à une opinion divergente... quand il l'écoute !

— celui qui écoute trop — car il se laisse influencer —, qui reçoit tout, sans esprit critique, et qui se laisse convaincre par la dernière personne qui a parlé.

Nier sa personnalité, son libre arbitre, par rapport à celui qui impose, n'est pas plus formateur que d'imposer son opinion avec une rigidité que ne peut attaquer aucune objection. Associer ces façons d'être au rythme alpha, trop réceptif, et au rythme bêta, trop concentré, nous permet de concevoir quelle harmonie nous pourrions posséder dans nos rapports, si, vibrant alternativement en rythme alpha et bêta, nous étions capables d'écouter, de parler, d'ajuster et de réajuster nos idées. Tolérance, acceptation représentent les résultats d'une harmonie de rythmes. Un pas de plus dans l'acceptation de soi-même, dans l'acceptation des autres, vers la paix et la sérénité.

L'enfant s'évade facilement — trop facilement au dire de ses parents — dans la lune. La croissance et la maturation de son cerveau entraînent de nombreux apprentissages et des connaissances toujours renouvelées. Apprendre activement dans un rythme bêta concentré ne doit pas faire oublier d'assimiler paisiblement dans un rythme alpha plus lent. Ne pas réveiller un enfant qui rêve... Celui-ci a besoin au début de sa vie de plus de temps pour plonger en lui-même (rythme alpha), pour s'apprivoiser, se découvrir et se connaître. Fort de cette connaissance, il se tournera avec d'autant plus d'intérêt et de concentration sur le monde qui l'entoure.

LA NUIT

Aux rythmes du jour succèdent les rythmes de la nuit. Certaines parties du cerveau ne se reposent jamais dans l'inactivité, elles changent seulement de rythmes. Ainsi observe-t-on, quant à la mémoire, une continuité dans l'activité diurne et nocture.

— *Les ondes thêta et delta,* indicatrices d'un sommeil profond, apparaissent : leur tracé est lent, irrégulier et représente quatre stades. Du stade I au stade IV, le sommeil devient de plus en plus profond, la récupération physiologique se réalise tandis que rythme cardiaque et rythme respiratoire se ralentissent. C'est dans ces stades que l'on parlera tout haut, que certains enfants auront des crises de somnambulisme, qu'enfants et parents se réveilleront en hurlant, suite à ces terreurs nocturnes et cauchemars, si profonds que la cause leur reste inconnue. Les rêves qui surviennent sont généralement en rapport avec la vie quotidienne, ce que l'on a fait la veille, les tâches du lendemain, ou les problèmes pratiques, tels les factures ou déclarations d'impôts, un membre de la famille malade, un enfant qui cause des soucis, etc., toutes préoccupations terre à terre. Ces périodes de sommeil lent et profond durent approximativement une heure trente et alternent avec une courte période de sommeil dit « paradoxal » (un quart d'heure environ).

— *Le sommeil paradoxal.* L'activité électrique, lente et irrégulière, devient subitement rapide, proche de l'activité bêta enregistrée pendant le jour. Paradoxal, ce sommeil l'est, puisque le sujet est profondément endormi tandis que son cerveau présente un « embrasement » de tous les neurones, aires corticales et hémisphères. Cette phase de sommeil joue un rôle déterminant dans la fixation d'apprentissages et de souvenirs que nous recueillons dans la journée. Fragile, elle est sélectivement perturbée ou supprimée par certains médicaments psychotropes, notamment ceux prescrits lors d'insomnie sournoise. Ainsi, on dort profondément sous l'effet de barbituriques et l'on se réveille, confus, avec parfois des troubles de mémoire. Les rêves qui surgissent de ce sommeil sont généralement colorés, violents ou intenses émotivement. Sans queue ni tête apparemment, ils représentent une activité symbolique et pourraient être une « mauvaise traduction » d'informations subtiles et primordiales, qui dépassent notre entendement. Nés d'une mémoire universelle, ils sont mal compris d'une mémoire individuelle, qui, tant bien que mal, essaie de les rapporter à cet univers limité dont nous sommes maîtres.

Cette alternance, sommeil lent, sommeil paradoxal, se poursuit tout au long de la nuit. Les heures de sommeil, nécessaires au bien-être de chacun (physique, psychique, etc.), reflètent la nécessité d'un sommeil lent et de plusieurs phases de sommeil paradoxal, indispensable à l'activité mnésique. Quant aux « heures doubles avant minuit », on constate qu'en accord avec le rythme jour-nuit le sommeil nous envahit plus profondément (stades III et IV) au début de la nuit, que vers l'aube, où il devient plus léger (stades I et II). Cette plus grande légèreté du sommeil au petit matin s'applique aux animaux diurnes que nous sommes et nous permet — en principe — de nous éveiller spontanément après une bonne nuit.

L'enfant possède en lui le sommeil de l'adulte. Fondamentalement, il y a peu de différence entre le sommeil d'enfant et un sommeil d'adulte. En revanche, la façon dont le bébé a traversé les étapes progressives dans l'évolution de son sommeil engagera l'attitude de l'adulte dans son sommeil, quant au rythme et à la qualité. « Dis-moi comment tu dors, je te dirais qui tu es... »

Le besoin de sommeil est rythmique. Spontanément nous sentons notre énergie baisser vers le soir et si nous nous accordons le droit au sommeil, celui-ci arrive à grands pas. L'enfant, quel que soit son âge, montrera certains signes avant-coureurs du sommeil. Mais un enfant, qui attend longtemps son repas du soir, ou qui se force à rester éveillé pour accueillir ses parents, mettra autant d'énergie à lutter contre l'insomnie la nuit, qu'il en a mis à lutter contre le sommeil le jour.

M.-J. Challand et Marie Thirion exposent leurs hypothèses de l'évolution du sommeil, du fœtus à l'adulte, dans leur livre : *Le Sommeil, le rêve et l'enfant*. Le fœtus présente des rythmes de sommeil calme, de sommeil agité et d'éveil qui lui sont propres, en dehors de ceux de la mère. Des électrocardiogrammes fœtaux, des échographies mettent en évidence les mouvements cardiaques, les mouvements des membres, du tronc, du visage, des yeux... et révèlent des périodes particulièrement actives, comme entre 21 heures et 24 heures, moment où habituellement la mère, elle, se repose...

Chez le nouveau-né, les moments d'éveil sont plus fréquents que chez le fœtus, mais la dominance du sommeil persiste puisque ces nourrissons passent seize à vingt heures à dormir. Sommeil lent et sommeil paradoxal alternent déjà, mais dans des proportions différentes de celles de l'adulte, puisqu'on observe 50 à 60 pour cent de sommeil paradoxal chez le bébé — qui doit faire tant de nouveaux apprentissage ! — et seulement 20 à 25 pour cent chez l'adulte.

Entre 1 et 6 mois, le sommeil devient plus calme, plus stable (27 pour cent de sommeil paradoxal à 6 mois), et le bébé semble plus sensible à la périodicité jour-nuit quant à ses périodes de sommeil et d'activité. Progressivement, le sommeil diurne va régresser aux seules siestes, l'endormissement se fait en sommeil lent comme chez l'adulte (et non en sommeil agité, comme chez le bébé), les tracés électro-encéphalographiques ont acquis les caractéristiques du sommeil lent de l'adulte.

Entre 4 et 12 ans, l'enfant va acquérir son propre sommeil. Le sommeil devient essentiellement nocturne, même si des siestes persistent parfois selon le rythme de maturation de chacun. Le temps de sommeil devient stable durant cette période, mais varie d'un enfant à l'autre. C'est l'époque des terreurs nocturnes, somnambulisme, pipi au lit, révélateurs d'un ajustement neurobiologique plutôt que de troubles psychologiques.

Chez l'adolescent, le sommeil lent devient plus léger qu'il ne l'était auparavant, d'où une difficulté à s'endormir, des réveils fréquents et parfois un manque caractérisé de repos et de récupération. Selon les auteurs, la qualité de sommeil paradoxal reste stable, seul le sommeil lent est affecté par ces changements que représentent une vie sociale naissante, les rythmes scolaires, les rattrapages ou préparations d'examen. Les irrégularités du sommeil (plus le week-end, moins dans la semaine, plus en vacances, moins pendant l'école) deviennent prépondérantes, ce qui explique parfois la réapparition des siestes. Peu à peu, disparaissent les énurésies, les terreurs nocturnes et le somnambulisme, à moins qu'aux phénomènes normaux de maturation succèdent des difficultés d'ordre psychologique. Ainsi tout au long de la croissance, sommeil lent et sommeil paradoxal s'épaulent pour accorder au fœtus, au bébé, à l'enfant, à l'adolescent et à l'adulte leurs exigences respectives.

Le sommeil lent et profond favorise la croissance physique (par l'intermédiaire de l'hormone de croissance), la maturation sexuelle, et accorde un « repos de l'esprit », par une protection des stimulations — parfois excessives — du monde environnant. Le sommeil paradoxal, prépondérant au début de la vie chez tous les mammifères, stimule la mise en place de connexions synaptiques, bref la maturation générale du cerveau. Ce sommeil paradoxal permettrait-il aussi, comme le suggère Michel Jouvet, d'emmagasiner la mémoire de l'espèce, assurant la survie de l'individu quelles que soient les circonstances extérieures ? Serait-il aussi le « responsable » qui nous permettrait d'évoquer nos états d'âme ? Bien avant de pouvoir les exprimer dans une phase d'éveil, le nouveau-né présente dans ses phases de sommeil paradoxal mimiques de dégoût, de peur, de surprise, de joie, de tristesse, de colère, alphabet de la communication émotionnelle. Ces mimiques disparaissent peu à peu, lorsque l'enfant apprend à les utiliser consciemment. La mémoire « de nuit » a fait place à la mémoire « de jour ».

Enfin, on soupçonne le sommeil paradoxal d'un travail de fixation mnésique. Nous apprenons dans la journée, et la nuit notre cerveau trie, sélectionne, compare les informations et les compartimente de façon définitive dans nos circuits de neurones. « La nuit porte conseil » est une des manifestations de ce travail inconscient, ou plus exactement de ce travail effectué à un autre niveau de conscience. Les composantes d'un problème, mémorisées, sont manipulées, passées en revue, et permettent d'élaborer une réponse qui correspond le mieux possible aux impératifs de la situation et aux conduites émotionnelles de l'individu.

Ainsi, bonne nuit à tous...

L'ÉCOLE

Parlant de rythmes biologiques, il nous faut aborder — bien que succinctement — les rythmes de l'école, plus proches cependant de la politique que de la physiologie. Des contradictions apparaissent souvent entre le rythme spontané de l'enfant, celui de sa famille et celui de l'école. Ces contradictions n'épargnent pas davantage les adultes, et fréquemment nous nous retrouvons à contretemps ou à contre-rythme dans cette danse de la vie. Nous remarquons tous nos difficultés à travailler ou à nous concentrer à certaines périodes de l'année, particulièrement lorsque la saison présente ne correspond pas à ce qu'elle devrait être. « Les saisons ne sont plus ce qu'elles étaient... » est l'expression d'une difficulté du corps humain à s'adapter au monde changeant qui nous environne. L'être humain, tête dans le ciel et pieds sur la terre, s'harmonise ou se déstabilise au gré des rythmes telluriques et cosmiques, surtout si son corps physique et ses différents organes peinent dans leurs fonctions et leurs rythmes. « Le foie paresseux, la rate en déroute, l'estomac capricieux », autant de symptômes, parfois graves, souvent légers, qui révèlent un déséquilibre d'abord mental, ensuite physique. Un excès de travail intellectuel, une insuffisance alimentaire, un sommeil troublé peuvent perturber ce fonctionnement énergétique, sans pour autant révéler des maladies graves.

Nous connaissons intuitivement nos rythmes : se juger du matin ou du soir est une certaine intuition de notre meilleure efficacité énergétique. Peu d'adultes, et encore moins d'enfants, peuvent choisir d'obéir à ces rythmes. Et l'adulte peinera pour « tenir le coup et le rythme », comme l'enfant apprend à le faire dès l'école primaire. Si nous observons notre rythme fondamental, nous pouvons décrire une phase active entre 5 heures et 9 heures du matin, une vigilance en baisse et une fatigue physique entre 11 heures et 14 heures, une phase de vigilance accrue entre 17 heures et 20 heures, puis fatigue encore et faible activité entre 23 heures et 2 heures du matin. A ce rythme correspond également notre température, plus élevée dans les phases actives, plus basse dans les phases de fatigue.

D'après les études d'Hubert Montagner, nous retrouvons ces rythmes dans la sieste des enfants, avant comme après le repas, à l'époque de la maternelle. Chez la majorité des enfants, au primaire, le début de l'après-midi se caractérise par une diminution des capacités d'attention ou une « aptitude » à la somnolence. Vis-à-vis de l'apprentissage, ces manifestations se soldent par une réaction de défense ou de rejet de l'information. Mais si, en maternelle, l'enfant peut choisir son activité du début de l'après-midi, se reposer ou seulement diminuer son attention, le « grand » de l'école primaire doit se concentrer sur la matière imposée. Aussi ce phénomène est-il plus marqué chez les grands que chez les petits : premier essai de contrecarrer les rythmes biologiques cérébraux pour s'adapter aux rythmes scolaires. Première perception aussi d'apprentissage « dans la douleur » (baisse d'énergie) plutôt que dans un intérêt — réel ou simulé, mais qui du moins témoignerait d'une attention sans tension.

Je constate néanmoins qu'un enfant intéressé par un sujet n'aura apparemment qu'une faible perte d'attention au début de l'après-midi, ou du moins ne souffrira pas dans son rythme d'une activité soutenue. Si les parents pouvaient appliquer ce principe à la maison, ils rendraient un grand service à l'enfant dans la maîtrise de son attention. Il ne nous viendrait pas à l'idée de charger un enfant d'un poids physique de 20 kilos. Nous l'excuserons en raison de sa croissance, de la force qu'il n'a pas encore acquise. De même l'attention et la concentration, qui émanent d'une force mentale, s'élaborent peu à peu au gré des rêveries, de la croissance de l'enfant, et de la maturation de son cerveau. L'adolescent, qui subit semblablement baisses d'énergie et difficultés d'attention, associées de plus à des découvertes émotionnelles, achève à peine la mise en place de ses circuits.

Qu'en est-il de l'enfant ? Diverses études ont montré que le temps idéal de travail scolaire par semaine est de dix heures pour les enfants de 6-8 ans, quinze heures pour les 8-10 ans et vingt heures pour les 10-11 ans. Une répartition adéquate des matières « difficiles et exigeantes », des activités de détente mentale ou de relaxation physique peut dans certains cas éviter le surmenage. La plupart des enfants se protègent eux-mêmes du surmenage en laissant flotter leur attention — bienheureuse déconnexion des processus mentaux ! La plupart d'entre eux souffrent néanmoins — même dans la lune — de cette immobilité imposée à un âge où le mouvement est la clef de l'évolution physique et intellectuelle.

A cette méconnaissance des rythmes biologiques de l'enfant, peuvent parfois s'ajouter un rythme perturbé de sommeil et une alimentation mal contrôlée. L'enfant devient fragile et fatigué. Qu'il manifeste cette fatigue par une hyperactivité, une maladresse excessive ou par une apathie, une sagesse trop exemplaire, les causes demeurent les mêmes.

— *Le rythme veille-sommeil est propre à chaque enfant.* Seules quelques variantes le différencient de celui de ses frères et sœurs. Un enfant que l'on réveille le matin est un enfant qui aurait eu besoin de dormir encore. Un enfant qui attend très tard le retour de ses parents ou son souper manque de sommeil. Des parents qui se lèvent très tôt pour leur travail, ou se couchent très tard, laissant une ambiance sonore parfois perturbante, déstabilisent le sommeil de l'enfant. Ce sont les rythmes de nos vies, mais pas forcément ceux de nos corps...

— *L'alimentation.* Il paraît sot de le souligner puisque c'est l'évidence même : les aliments que nous mangeons nous accordent, s'ils sont bien choisis, cette force mentale faite d'attention, de réflexion et de création. Les neurones ont besoin pour fonctionner de calcium, de phosphore, de magnésium, de potassium, de glucose, d'oxygène, de zinc, de cuivre, de lécithine, de vitamines, etc. Un dictionnaire alimentaire suffirait à cette description. Pas d'aliments réellement spécifiques de la mémoire, mais les pièces détachées d'un fonctionnement harmonieux. Qui est le mécanicien qui les anime ? C'est vous... Sauter le repas du matin, manger légèrement à midi (à cause de la digestion, dit-on), manger lourdement le soir, peu avant de se coucher, est le comble de l'illogisme. Cette phase, proche du repas du midi, où nous sentons la fatigue nous tomber dessus, n'est pas liée à la digestion, à l'hypoglycémie, mais à une baisse du métabolisme général — d'où parfois un abaissement de la température du corps. Elle ne pourra donc que s'aggraver par manque de nourriture. Ainsi, les deux repas principaux devraient trouver leur place le matin et à midi, pour que les aliments nous apportent l'énergie nécessaire aux processus mentaux. Ce n'est, soit dit en passant, sûrement pas le soir, avant de nous coucher (phase relativement inactive), que nous devrions absorber ce gros repas, plus « social » que « physiologique ». Nous ne nous aventurerons pas plus avant dans la polémique des rythmes scolaires. Trop de critères sont à considérer : les vacances, les jours de la semaine, le rythme des parents, les habitudes alimentaires, les habitudes sociales. Il n'est pas en mon pouvoir — ni en mon désir — d'imposer une règle générale. Tous ces éléments contribuent à un équilibre de l'enfant et de l'adulte qu'il deviendra. Renoncer à des habitudes séculaires est parfois difficile et voué à l'échec.

A chaque famille de concilier ses impératifs, ses priorités, ses inclinations, ceux des enfants, ceux des adultes. Seulement, une petite pensée pour les rythmes... Métaboliques, cérébraux, saisonniers ou cosmiques, même discrets, même silencieux, ils existent tout autant que les cycles de l'éducation ou de la politique.

Fantaisies du cerveau

Nos sens nous offrent une vision du monde extérieur que nous acceptons comme « normal » et que nous interprétons « comme d'habitude ». Mais certains d'entre nous, à certaines époques de leur vie ou dans des circonstances particulières, voient l'activité électrique et spontanée de leurs neurones s'éloigner de toute activité classique. Nous citerons deux cas, la synesthésie, que nous avons déjà mentionnée plusieurs fois, et les hallucinations qui sont parfois plus vraies que nature.

LES HALLUCINATIONS

Si nos sens nourrissent notre cerveau, notre cerveau le leur rend bien ; la fiabilité, la sensibilité des organes sensoriels peuvent être augmentées par les aires corticales. Penser que l'on va sentir accroît notre discrimination olfactive. S'attendre à voir un coucher de soleil éveille notre rétine. Le cerveau peut d'autre part, par pensée ou par image, établir une vibration dans les cinq sens qui lui rapporteront fidèlement ce qu'il a émis, soit un objet, soit un goût, soit un son, réels si l'on considère leur présence psychique, irréels si l'on considère leur absence physique. Voici l'hallucination.

Entendre des voix, contempler des visions, respirer des odeurs, merveilleuses ou nauséabondes, voler sans même quitter son lit, sentir des mains nous caresser le visage...

Tous nos sens sont sujets à des hallucinations, malgré leur apparente fiabilité. Les aires corticales que nous avons décrites entrent en activité spontanément, sans stimulation extérieure et génèrent images mentales ou impressions diffuses.

Dans quelles circonstances de notre vie pouvons-nous souffrir ou être ravis par des hallucinations ?

1. En stimulant électriquement (par électrodes) des zones corticales précises. L'aire visuelle 17, stimulée, déclenche la vision d'éclairs de lumière. La stimulation des aires visuelles secondaires déclenchent des images plus complexes : papillons, paysages, personnes connues. La stimulation du cortex chez certains épileptiques entraîne des hallucinations auditives. Selon les points stimulés, selon les êtres impliqués, le cerveau se laisse aller à une spontanéité de souvenirs, de sensations, d'images sensorielles.

2. En absorbant des drogues hallucinogènes. Certaines drogues psychédéliques, selon leur mode d'action, et la personne qui les a absorbées, déclenchent visions merveilleuses ou terrifiantes, voix chuchotées ou impératives, impressions suggérées ou sentiments arrêtés. A haute et répétitive dose, les drogues peuvent entraîner des symptômes schizophréniques, ce qui sous-entend une neurochimie commune. Lorsque l'échange entre neurones, assuré par les neuromédiateurs, s'emballe ou au contraire se ralentit, des troubles s'installent, qui se manifestent dans l'activité spontanée des neurones, notamment par des hallucinations. Les drogues hallucinogènes déclenchent artificiellement un emballement de certains neuromédiateurs, dont la dopamine et la sérotonine, la schizophrénie est liée à un emballement des neurones dopaminergiques. Causes différentes, effets parfois semblables. Qu'est-ce qui dans la schizophrénie provoque le déferlement de ces neuromédiateurs ? Une anomalie mentale, une faiblesse corporelle énergétique, ou une orientation mentale ?

3. En laissant une personne quelques jours dans un espace insonorisé et sombre. La notion de temps disparaît, les sujets ne savent plus s'ils dorment ou sont éveillés, des images désordonnées circulent dans la tête, les hallucinations apparaissent : visuelles, auditives, mais aussi tactiles. Le sujet sent son corps rapetisser, ses bras se décoller. L'angoisse, l'irritation s'ajoutent à l'impossibilité de rester en place pour créer un ensemble de symptômes bien difficiles à supporter.

4. De façon spontanée, certains épileptiques relatent la présence d'une « odeur » juste avant la crise — odeur qui n'était pas dans l'environnement. Certaines personnes, à la suite de chocs traumatiques, présentent des hallucinations olfactives. Quand nous sentons l'odeur de la violette par la visualisation des couleurs, nous ne nous plaignons pas d'être « hallucinés » ; mais lorsqu'il s'agit d'une odeur de pourri, le terme d'hallucination prend un sens tragique. L'hallucination serait-elle, selon notre orientation mentale, recherchée ou fuie ? N'est-elle que le fruit d'une activité désordonnée du cerveau, activité qu'il faut à tout prix contrer ? Je pense que l'on peut vivre avec des hallucinations, qu'elles permettent d'affiner certains sens, mais que là encore, tout est dans un équilibre choisi et respecté.

LA SYNESTHÉSIE

Quand certains sens s'associent plus ou moins les uns aux autres.

Tout au long des chapitres, comme le leitmotiv, est revenue la notion de synesthésie. Nous avons joué dans les sens interpénétrés pour saisir cette perception insolite, vestige d'un pouvoir que nous n'avons plus. Les souvenirs sont loin, du temps où les jours de la semaine étaient de teintes différentes, où une personne était bleue, où les mots blessaient la peau et où un « non » avait un goût de fiel. Tout au plus nous accordons-nous une couleur froide, ou criarde, une voix sucrée ou percutante, une connaissance sur le bout des doigts.

Comme nous l'avons remarqué, l'enfant manifeste des frontières très « discrètes » entre ses différents sens, et ce n'est que peu à peu que ceux-ci deviennent zones géographiques limitées et restrictives quant aux échanges. Définir la synesthésie et l'expliquer de façon neurobiologique est délicat. D'emblée, nous écartons certaines définitions qui la considèrent comme un trouble ou une perception anormale. Ou du moins, nous considérerons cette anomalie perceptive comme tout aussi géniale que certaines erreurs de manipulations qui ont révolutionné la science. Pis, nous avancerons même l'idée qu'une mémoire vivante a pour toile de fond une synesthésie active ; que l'exactitude de nos souvenirs, la profondeur de notre pensée et la communication de nos connaissances s'appuient sur ces correspondances symboliques entre sens. Ainsi, la synesthésie peut se définir comme une cascade de perceptions différentes qui naissent d'une stimulation originale. Dire que les sens sont interpénétrés (comme je l'ai dit) est quelque peu inexact, car tous ont leur individualité, mais chacun peut entraîner l'activité des autres : de même qu'une femme cherche l'élégance en associant à la robe choisie un sac, des chaussures, des bijoux assortis. Une femme bien mise, comme une mémoire efficace puisent leur réussite dans la coopération, parallèle et complémentaire, de leurs sens et accessoires. Si nous retournons aux aires corticales, nous pouvons imaginer que chaque interprétation d'image sensorielle, née dans une zone précise (primaire et secondaire), fait naître une vibration qui se propage au gré des neurones associatifs (entre les aires corticales spécifiques) et embrase simultanément ou successivement les aires spécifiques environnantes, les différents lobes cérébraux, les deux hémisphères. Si nous nous rappelons que, de plus, chaque image sensorielle, avant d'être analysée par le néocortex, l'est par le thalamus, qu'ainsi une composante « diffuse » et une composante « précise » s'affrontent ou s'épaulent, entraînant à nouveau un embrasement des aires associatives et une cascade de sensations annexes, on commence à avoir une légère idée du « mouvement cérébral », constitué d'impressions, d'intuition et d'émotivité, d'images sensorielles, de pensées, parfois de silence.

On conçoit aussi que les drogues psychédéliques, un trouble mental ou simplement un exercice répété de méditation ou de contemplation fassent jaillir, par le biais de ces neuromédiateurs lâchés entre neurones, une communication entre ces différentes parties du cerveau, entre ces deux hémisphères coopérants. On conçoit aussi qu'ouvrir brutalement les vannes d'un barrage puisse être dangereux et qu'il vaut mieux parfois laisser couler un filet d'eau. Je veux dire par là qu'en aucun cas je ne pourrai recommander l'usage de drogues ou de médicaments, ou même d'appareils électriques pour créer ou recréer cette synesthésie ; mais je suggère des travaux lents de construction, un étayage attentif des tunnels, un éveil progressif de la synesthésie. Jouer, à l'écoute d'une musique à « l'attraper », à sentir les ondes sonores chatouiller le creux de sa main... « Imaginer » que l'on voit un objet dans le noir jusqu'à ce qu'un jour cet objet existe sous nos yeux et que nous le saisissions avec autant de sûreté et de naturel que si nous avions les yeux ouverts. Suggestion, hypnose, délire, me direz-vous. Peut-être, c'est à vous d'en juger... C'est à vous de l'observer chez vos enfants... C'est à vous de l'accepter ou de le refuser.

Une chose demeure : mettre en activité ou en correspondance des milliers de neurones ne peut qu'accroître la performance d'un cerveau, en aucun cas la diminuer. Cela ne peut qu'établir des communications privilégiées entre nos organes des sens et nos aires corticales et ajuster de ce fait l'interprétation, la perception que nous avons du monde extérieur. Quand deux tuyaux ne s'ajustent pas, l'un se vide, l'autre ne se remplit pas. Quand une aire visuelle ne perçoit plus ce que l'œil apporte, la pensée qui en résulte est piégée.

Observer une image et sentir en retour d'autres informations d'ordre olfactif ou auditif posent un sceau personnel sur cette image. C'est le sceau personnel, né de perceptions complémentaires et parallèles, qui nous fera dire que ce souvenir, ce poème appris ou ce paysage reconnu, a « quelque chose qui ne colle pas ».

Ainsi, mémoire précise, qualité d'observation, mais également intuition, prémonition, jouissances et émotions profondes deviennent la manifestation de sens en éveil, d'aires corticales attentives et de neurones associatifs efficaces. Tout est en place pour l'expression. Et c'est alors que chacun, selon sa « déformation », utilisera un sens, son préféré, pour communiquer son savoir : l'art du dessin, de la peinture, de la sculpture, l'art de la musique, du chant, l'art du mouvement, de la danse, de l'immobilité, ou l'art du silence, de la contemplation. Le langage survient aussi, sublimant parfois la pensée en la faisant éclore, mais cachant parfois la spontanéité d'images sensorielles sous un masque froid et impersonnel, lorsqu'on n'accorde plus aux mots la vibration de la sincérité.

Jouer de l'extérieur sur nos sens et de l'intérieur sur notre synesthésie rétablit le « libre-échange ». C'est en harmonie et en rythme que notre corps, notre cerveau et notre esprit évolueront et non plus en contretemps et contradictions.

Vivre et grandir

LE SOI ET LE CERVEAU

A travers tout ce périple, la mémoire devient l'accomplisse-ment de soi. Même dans la façon d'apprendre les tables de multiplication, même dans l'approche logique d'un problème de mathématiques, l'être humain trouve à la source de lui-même mémoire et oubli. Lorsque l'enfant devenu adulte a surmonté pièges et handicaps dont il est environné, il accède à la perception de soi. Être soi est infiniment plus qu'être conscient de ses compétences professionnelles et de ses capacités mnésiques. C'est avoir accès à un sentiment de plénitude, difficilement imageable par des mots, qui unit corps, esprit et âme ; croire à la vie autant qu'à la mort, animé par une force spirituelle que d'aucuns appellent foi ou sérénité. Cette force s'acquiert au gré de la vie, par un désir profond — où ne se mêle nulle trace d'hypocrisie —, d'arriver au but. R. Kipling propose ce vers, qui fait suite à une façon d'affronter la vie : « [...] tu seras un homme, mon fils. » Quelques siècles auparavant, Pythagore présentait une règle de vie, une ascèse purificatrice, dont le but était : « Tu seras Dieu, immortel et incorruptible, et à jamais affranchi de la mort. »

Comment ce Soi, si profondément uni à la mémoire par leur source commune, se développe-t-il ? Et comment, avec toutes les nuances existantes, le Soi et la mémoire sombrentils dans une « pénombre », celle de l'émotivité blessée et de la mémoire défaillante ?

Dès la vie fœtale, le petit d'homme reçoit une image de son environnement. Image composite — nous l'avons vu — et qui est plus intuitive que visuelle. Cette activation des sens met en place de multiples liaisons, tant au niveau du corps (maturation des récepteurs sensoriels, connexions synaptiques entre nerfs et terminaisons nerveuses...) qu'au niveau du cerveau où entrent en jeu, simultanément ou alternativement, les différentes composantes cérébrales. Mais dans ce travail si fin et si précis, que l'on pourrait comparer de façon poétique à un travail de dentellière, et plus prosaïquement à une tuyauterie de maison, il peut survenir des problèmes, des mésententes ou des contradictions.

— Le corps peut souffrir, qui rompra alors l'équilibre entre tête et tronc. Un organe défectueux, ou une glande, dans la ronde des échanges, se taira ou s'emballera, faisant un croc-en-jambe à ses partenaires.

— Les sens peuvent souffrir, par manque ou par excès de stimulation, fermer la porte pour ne point souffrir ou l'ouvrir toute grande dans une vaine attente de « nouvelles ».

— Les neurones peuvent souffrir, individuellement ou collectivement. La migration peut s'interrompre, la connexion ne point se réaliser, les échanges entre neuromédiateurs se faire paresseux ou hyperactifs.

— Chacune des composantes cérébrales, formée de circuits de neurones, peut « mal tourner » ou seulement mal s'adapter à la précédente ou à la suivante.

Décalages, contradictions, mauvaise communication, autant de mots qui peuvent refléter cette mésentente entre plusieurs individus d'une société ou tout simplement entre l'individu et lui-même.

— Et, dernier point que l'on ose à peine citer tant on voudrait croire à l'innocence et aux potentialités absolues de bonheur de chaque enfant, le refus de vivre. Ce refus de vivre, qui, sans raison apparente pour les êtres ignorants que nous sommes, peut engager la vie et la mort d'un fœtus, d'un bébé de 6 mois, d'un petit enfant de 3 ans. Refus de vivre, engendré par des peurs, laissant des séquelles de non-adaptation, redoutables pour tant de parents qui se culpabilisent et d'enfants qui refusent de faire marche arrière. Cette difficulté d'adaptation, qui peut être le reflet d'une mauvaise physiologie ou d'un déséquilibre cérébral, mais qui peut être aussi de l'ordre de la pensée, de ce que l'on pourrait appeler l'orientation mentale. On revient alors à une préoccupation d'ordre spirituel. La pensée préexistet-elle à la matière comme nous le suggérions précédemment et ce principe, né universel, s'incarne-t-il dans un corps, puis un cerveau qui le rendent individuel ? Et l'enfant, en fonction d'une redoutable connaissance de l'avenir, du passé, ou seulement du présent, refuse-t-il tout net d'engager forces et efforts dans ce jeu morbide de la vie ? Je pense que l'enfant, en sa science et conscience, aidé petit à petit par ces « révélateurs » du monde qui l'attend, choisit de vivre et de s'adapter. Sans doute, oubliera-t-il ce choix, tout à sa maturation physique, mais ce choix orientera son attitude mentale, ses aptitudes au bonheur, ses armes pour combattre le malheur, et son corps pour porter ces armes. Sans doute, le milieu familial, scolaire, professionnel, influence-t-il ce choix original pour le confirmer ou l'infirmer, lui apportant amour, confiance, peur ou rancœur et un subtil mélange de tous ces sentiments. Ce n'est bien souvent qu'à l'âge adulte (je ne parle pas d'adulte « physique » mais d'adulte de « cœur »), rarement à l'adolescence, que l'être humain, à la recherche de son Soi et de son âme, comprend ces lois de l'évolution humaine. Et décide d'entreprendre un long voyage dans le temps, qui le ramènera peut-être en pensée à la vie fœtale, ou à la conception, et qui lui permettra d'être face à face avec cette pensée universelle qui a précédé son incarnation. Expériences mystiques, que chacun pour soi, saints, méditants de tous âges et de tous pays ont vécues. Chacun pour soi mais avec tant d'unité puisque tous décrivent cette félicité, cette union avec le cosmos, cette certitude d'être soi et d'être au-delà de soi ! Sans parler de mysticisme, on peut parler de transcendance ou d'expérience transpersonnelle. Et j'ai choisi, pour survoler l'évolution du petit enfant, de l'adolescent jusqu'à l'adulte en recherche, l'apport de la psychothérapie corporelle intégrée (élaborée par Jack Lee Rosenberg) et de l'associer, autant que faire se peut, à la croissance cérébrale et physique de l'être humain.

Le premier stade qu'aborde l'enfant (et je dirai même le fœtus) est un stade de symbiose, ou d'union avec la mère. Mère et enfant ne sont qu'un, le fœtus, puis le bébé de quelques mois vit par sa mère. Physiquement, par le milieu protégé dans lequel il grandit, par ces liens corporels que sont le cordon ombilical et l'utérus ; mentalement, par cette union d'esprit, par cette influence réciproque des sentiments de mère à enfant : tristesse, joie, peine, choc émotif, perturbation de l'environnement.

A la naissance, malgré la séparation de corps, l'enfant reste uni tant qu'il le peut à sa mère : elle continue, même par intermittence, à lui octroyer le vivre, la chaleur, l'amour — ou l'anxiété. Volontairement, il se fond en elle, s'efforce par ses sens désormais en éveil d'abolir les distances affectives, créées par la naissance. La symbiose accorde à l'enfant — à mon avis — une certitude intuitive de ce qui l'entoure, à travers ce jeune corps uni à la mère, ce cerveau, non encore fini, dont les portes ne sont pas encore fermées sur le monde vibratoire. Plongeant tour à tour dans le passé, dans l'avenir, dans le Soi intime de sa mère, le bébé ne pose pas encore les frontières de son Soi mais participe encore aux échanges de l'univers. La mère suit parfois le même cheminement, que l'on découvre épanouie, rayonnante, et qui peut décrire avec précision le moment où l'enfant a faim, a peur, a mal, est « ailleurs ». Sa connaissance de l'enfant est plus « vibratoire » qu'intellectuelle, et ce rayonnement, cette énergie d'amour qu'elle émet, est capté par le bébé, alors plus sensible aux vibrations subtiles qu'aux mots et gestes. Mots et gestes peuvent mentir, ondes et vibrations sont toute franchise.

D'après Rosenberg, cette symbiose peut être « manquée ». Qui ne vit pas une union profonde ne peut survivre à une séparation. Comme un être qui aime mal ne peut supporter la fuite de l'amour. Nombreuses sont les raisons qui perturbent de façon plus ou moins grave la symbiose. Un accouchement brutal en hôpital, une séparation immédiate par des mains étrangères, un changement constant de personnel soignant ne laissent aucune chance au bébé de retisser les liens brisés par l'accouchement. La rupture de symbiose peut provenir aussi de la mère, qui n'a pu connaître elle-même cette union précoce et reflète sa propre insécurité. L'union enfin peut être refusée par l'enfant, qui ne se sent pas en confiance, aimé ou tout simplement en accord. Des unions de remplacement peuvent intervenir, avec une nourrice, un nounours, un drap ou un pouce... Chacun d'entre nous a subi, peu ou prou, ces traumatismes. Rares sont ceux qui en guérissent, plus rares encore ceux qui acceptent de les revivre pour s'en affranchir.

Je pense qu'il y a une autre façon d'aborder et de rémédier à cette symbiose déficiente. Pythagore nous laisse un message qui mériterait d'être approfondi : « Tu sauras que les hommes choisissent eux-mêmes et librement leurs maux. » Ainsi l'enfant choisirait ses parents — et non l'inverse —, déciderait de son orientation mentale et pourrait en changer si les circonstances l'exigent ou le suggèrent. Un amour pur porté par l'un des parents peut être ce facteur de changement ; un amour pur, exempt de tout désir de compensation (aimer ses enfants pour eux-mêmes et non pour ce qu'ils apportent), peut rectifier les conséquences tragiques où l'enfant s'est emmuré. Mais, comme dirait Kipling, cela est une autre histoire...

Que dit le cerveau durant cette étape ? Si nous nous reportons au chapitre des sens et des composantes cérébrales, nous découvrirons que le stade de la symbiose est parallèle au phénomène de synesthésie. Les neurones sont en activité, échangent informations et contre-informations, communiquent de circuits en circuits et d'aires en aires. Je pense que cette coopération des sens est à l'origine de ce sentiment très fort d'union, non seulement à la mère mais à tout le cosmos. A l'origine aussi de cette extrême sensibilité vibratoire qui fait appréhender non seulement sons, images, odeurs, mais encore les « molécules » plus subtiles que sont la pensée, l'intuition, la mémoire universelles. A l'origine enfin, de cette omniprésence et omniscience qui accorde la vision du passé, du présent, de l'avenir. L'extase mystique, qui décrit cette interpénétration des sens, l'extase hallucinogène qui parcourt les mêmes horizons, sont les témoignages d'adulte de cette expérience fœtale ou enfantine.

Bon an mal an, l'enfant est poussé vers une individualité à travers le processus de maturation, même s'il essaie de toutes ses forces de conserver l'union totale avec l'univers, symbolisé par la mère. L'enfant, qui s'aimera et se découvrira à travers sa mère pourra entreprendre l'étape suivante, celle du miroir.

• Le miroir

Le bébé grandit. Entre six mois et un an et demi, sa découverte du monde se fait active. La maîtrise de ses mains, de ses pieds, de son corps lui donne la notion de ce qu'il est et fera ; lui souffle qu'il est maintenant « deux » avec sa mère ; même si celle-ci le ramène en elle lors d'une angoisse diffuse, d'une insécurité temporaire. La mère, en miroir fidèle, renvoie à l'enfant son reflet. Phrase ambiguë, car on se demande si c'est son propre reflet ou celui de l'enfant qu'elle réfléchit... Période critique, car si l'enfant se voit à travers sa mère comme à travers un miroir grossissant, réducteur ou déformant, s'il ne se voit pas lui-même, mais s'il voit les espoirs déçus ou les frustrations de ses parents, qu'adviendra-t-il de lui, petit homme à part entière, ébloui par ces soucis de grande personne ?

— S'il est un petit dieu, paré de toutes les qualités et pouvoirs, comment supportera-t-il la confrontation avec le commun des mortels qui ne reconnaîtra pas nécessairement sa divinité.

— S'il est un enfant constamment critiqué, dont toutes les œuvres, les actions sont taxées de « pas mal » ou « tu pourrais mieux faire », deviendra-t-il un perfectionniste éternellement insatisfait ou un entrepreneur d'avance vaincu ?

— Si le miroir ne lui renvoie pas une image constante, à qui pourra-t-il se fier et comment dénichera-t-il son Soi à travers ce désordre ?

Décidément, si nous revenons à la phrase : « La mère, en miroir fidèle, pense renvoyer à l'enfant son reflet », il s'agit du reflet de l'enfant lui-même, à l'exclusion de tout autre ; avec le plus de constance, d'amour et de sérieux possible.

Quel est durant cette phase le stade de maturation du cerveau ? Période de croissance accélérée, mise en activité des organes, changement d'alimentation, apprentissage de la marche... L'échange entre les deux hémisphères s'accentue et fait découvrir à l'enfant un monde d'émotions qui sont siennes, en dehors de la mère. Les sens s'individualisent, l'enfant apprend à répondre à un sens après l'autre, il renonce petit à petit à cette synesthésie que ses parents ne comprennent plus. Avec des heurts ou en douceur, il reconstruit un nouveau monde sensoriel, plus en accord avec ceux qui l'entourent, moins proche de ce qu'il connaissait. Toujours sensible à un univers vibratoire, il s'étonne de ne plus pouvoir l'accorder avec le seul univers des cinq sens. Il dissocie peu à peu ce monde sensoriel classique, envahi par un début de langage, de cette nature subtile de l'esprit, qui est connaissance. Mémoire lui aussi, mais d'une autre nature, l'esprit reflète tout ce qui lui est présenté, sans distorsion : passé, présent, avenir, minéral, végétal, animal, choses et êtres humains. Peu à peu, parce que l'enfant apprend du monde « normal », certaines composantes cérébrales, si sensibles, deviennent muettes et abandonnent cette connaissance intuitive, ne laissant plus passer qu'une connaissance acquise. Il ne s'agit plus d'un désir profond, mais d'une volonté limitée.

Revenons à la mère et à l'enfant : ainsi, ce petit être, unique, se verra à travers un miroir, environné de la tendresse de sa mère et certain de trouver ce refuge absolu, lorsqu'il émettra un doute sur lui-même — refuge qu'il quittera bientôt pour confronter ses forces à celles de la vie, à travers les stades suivants, ceux du narcissisme sain et du rapprochement.

• Le narcissisme

Le petit enfant a maintenant entre un an et demi et trois ans. Son Soi est constitué, de façon plus ou moins solide selon chacun, et il désire désormais fonctionner individuellement. Individuellement et égoïstement (aux yeux des parents et des proches), et il est bien dommage de ne voir dans ce dernier mot qu'un sens péjoratif. En effet, cet égoïsme (ou narcissisme) est la condition essentielle d'une consolidation du Soi. Se respecter, s'aimer, se suffire à soi-même, aimer sa solitude est le meilleur moyen d'entreprendre des relations harmonieuses avec les autres. Enfant ou adulte, il nous faut passer par ce stade pour que s'accomplisse l'union avec soi-même, qui deviendra la force d'âme de l'individu. Selon ses capacités, l'enfant à ce stade entre dans le jeu de la société et de ses impératifs : ce qui se fait, ce qui ne se fait pas, même si cela ne correspond pas à ses désirs profonds. C'est l'époque d'une certaine discipline, acceptée d'autant plus facilement que l'enfant se respecte lui-même, rejetée d'autant plus violemment que l'enfant se cherche lui-même. La fortitude de l'enfant lui fait accepter les contraintes extérieures, sans pour autant lui faire renoncer à son « droit de parole ».

Ce stade peut avoir ses blessures : l'enfant a besoin pour concilier sa vérité et celle de la société de l'approbation de ses parents et de leur encouragement. L'encouragement qu'il réclame doit venir « du fond du cœur » et non du « langage », sauf si les mots viennent du cœur...

Je vous l'ai dit et nous l'avons constaté maintes et maintes fois, l'enfant est sensible aux vibrations, et à cette époque plus sensible aux vibrations qu'au sens des mots. « Un regard vaut mille mots » et fera comprendre à l'enfant que ce qu'il fait est bien, que ses parents applaudissent la réussite même si aucune phrase n'a été prononcée. Le renforcement de son identité est en bonne voie... Inversement, un « je t'aime » ou « c'est très bien », prononcé distraitement en pensant à autre chose, atteint l'enfant aux tripes. Car il aura ressenti la vibration de l'indifférence, voire de la rancœur, et, pris dans cette contradiction, ne saura plus où se tourner ni se réfugier. L'enfant fermera la blessure, rentrera en lui-même ou plutôt en son intellect. Il choisira « les mots », pour ne pas souffrir des « vibrations » et enterrera au plus profond de lui-même ce Soi qui n'a pas éclos.

Combien d'entre nous ont choisi cette voie, qui s'aperçoivent à 30, 40 ou 50 ans du vide profond en eux, de ces débris de miroir qu'il s'agit maintenant de recoller.

Pourrait-on appeler cette attitude l'hypocrisie, en lui octroyant un sens très large ? Je crois que l'hypocrisie est un voile dans notre cerveau, opaque aux vibrations et qui nous empêche d'avoir accès à certaines composantes cérébrales muettes mais vibrantes. Que l'on place ce « silence vibratoire » dans l'hémisphère droit ou gauche, dans les neurones associatifs ou dans l'échange entre circuits de neurones, peu importe. Il devrait être là, il brille maintenant par son absence et nous entraîne à des actions que nous ne comprenons pas, coupées comme elles le sont de notre essence originelle. L'esprit, dans toute sa pureté, voilé par le brouillard, devient « état d'esprit » ou « mauvais esprit » ; il entraînera erreurs, malaises physiques, incompréhensions, souffrances à soi-même et à autrui. « Cela ne tourne pas rond », dira-t-on familièrement. Combien cela est vrai ! Une orientation mentale faussée, un corps aux organes mal équilibrés (je songe à la rate, au thymus) conduiront de fausses informations au cerveau qui ne pourra pas faire autrement que les interpréter faussement. Nous retrouvons les associations par contraire, lorsqu'un être humain se sent mal de réussir et collectionne les échecs qu'il ressent comme étant siens, comme étant sa vérité. Curieux d'ailleurs de constater dans notre société que sont valorisés ces sentiments de malaise, d'échec, que l'intérêt que l'on porte aux gens est fonction de leurs problèmes, et que de ceux qui réussissent, ou qui s'aiment, ou qui sont en santé, on dit : « Il a de la chance », ou « Cela ne durera pas... », sans se rendre compte que la chance est une orientation mentale — dans l'autre sens. Que se passe-t-il dans le cerveau de l'enfant à ce stade ? La maturation se poursuit, les connexions, fonctions des apprentissages, se poursuivent, les trois cerveaux apprennent à vibrer en harmonie ou se désharmonisent, des blocages peuvent se créer, comme un fil coupé ne laisse plus passer l'électricité. Les composantes cérébrales, les aires corticales s'ajustent les unes aux autres, les unes à l'environnement, les autres aux sensations internes. L'enfant vit par les autres et pour lui-même. Élément fondamental, il fait connaissance avec le langage. L'imprégnation qu'il a subie dans sa vie fœtale porte ses fruits : les neurones des centres du langage s'agencent, lui donnant la possibilité d'associer objet et mot, d'exprimer ses désirs, ses frustrations et de jouer plus tard avec la musique des mots, s'il devient poète ou comédien. Exigeant une énergie sans faille pour fonctionner, ces neurones du langage étouffent quelque peu le fonctionnement plus discret des autres composantes cérébrales. Fondamental s'il en fut, le langage est aussi le moment critique où l'enfant s'aperçoit que mots et intention (langage et vibration) peuvent s'opposer et cacher la réalité.

Au travers de ce réseau compliqué de fibres nerveuses, de neurones et de circuits, l'enfant laisse émerger sa personnalité, développe des schémas de pensée qui lui sont propres, accepte ceux qu'on lui propose et décide son équilibre entre l'intellect, le physique et l'intuition.

Parfois, l'œuf qui contenait la promesse du Soi s'est brisé, ou seulement fêlé. L'enfant vit alors, mais dans un malaise constant, dans un refus de s'adapter. Les troubles mineurs d'apprentissage ou d'hyperactivité surviennent, des troubles majeurs d'autisme ou de schizophrénie rendent tragique la vie des enfants et des parents.

C'est ainsi que tous, avec leurs forces et leurs faiblesses, aborderont le dernier stade décrit par Rosenberg, qui se prolonge d'après moi toute la vie : celui du rapprochement.

• Le rapprochement

L'enfant, l'adolescent, sûrs d'eux-mêmes et de leur vérité, la confrontent au monde qu'ont créé pour eux les adultes. Monde empli de joies, de peines, de désillusions ou d'indifférence. Selon la force du Soi, les hauts de la vie créeront un laisser-aller. ou une recherche d'explication. Sur un Soi solide et à la recherche de la vérité, « égoïste » dans son accomplissement, chaque échec deviendra, non une remise en question de l'être profond, mais le prélude à une réussite. C'est ainsi que l'être humain puisera en lui-même la force de vaincre ce qui l'entoure. « Aide-toi, le ciel t'aidera », aussi vieux que le Monde et le Soi, l'exprime sans détours. Que l'enfant ait développé spontanément, dans une enfance choyée, ce sentiment d'être ou que le jeune adulte l'ait acquis par une lutte sur ses défaites, tous deux deviendront « bâtisseurs de ponts » et ressentiront de toute leur âme l'initiation cachée dans ces simples vers de Pythagore : « Et parviens à savoir tant acquérir que perdre les biens de la fortune. »

Au-delà d'une faillite ou d'une ruine terrestre, c'est l'immortalité de l'âme qui est célébrée.

Quant à la mémoire dans ce cheminement... Que dire de plus, sinon qu'elle devient et permet l'accomplissement de soi...

Vivre, grandir...
et avant ?

« L'enfant refuse de vivre... » Quel jugement présomptueux et hâtif ! Comment osons-nous rendre l'enfant responsable de sa vie ?

Pour aborder cette interrogation, je quitterai un peu le domaine de la science, sans regret, puisque je le rejoindrai, enrichie d'une spiritualité, qui, quoi qu'on dise, refuse moins la science qu'elle n'est elle-même rejetée par les scientifiques. Cette évasion est nécessaire car je ne saurais nier qu'elle influence mon approche des troubles de comportement.

Tout d'abord, par quel miracle un adulte peut-il se souvenir du jour de sa naissance, de sa vie fœtale ou de l'instant de sa conception ? Il ne s'agit pas vraiment d'un miracle. Nous avons constaté que les sens ne sont pas plus fermés au monde extérieur qu'au monde intérieur du fœtus. Il sent et ressent, il s'ajuste et se réajuste, dès les premiers mois de sa vie au monde. Ainsi, puisqu'un embryon de cerveau fonctionne, il n'est pas absurde, au point de vue scientifique, d'envisager cette mémoire, seulement plus lointaine et plus étrange que la mémoire « parlante ». Plus lointaine, car elle évoque un océan de rêve et s'unit à une mémoire universelle, plus étrange, car les sens n'ont pas cette clarté aveuglante du monde matériel qui nous entoure, mais beaucoup plus ces demi-teintes intuitives d'un traitement sous-cortical (cf. chapitre Exercices).

Nous sommes, si nous voulons unir Mnémosyne et la science, au royaume de Mnémosyne, qui accorde à l'être destiné à naître une puissance de type divinatoire. Lourde charge parfois pour de faibles épaules, et c'est ainsi que, dans le même mythe, la naissance coïncide avec « l'oubli » de ce pouvoir... sauf pour certains élus.

Certains ont décidé d'être ces voyageurs du temps et de l'espace, et, après s'être débarrassés d'une programmation mentale qui voilait certaines composantes cérébrales, ont pu accéder à ces perceptions que tous qualifient d'étranges, mais qu'ils vivent intensément et qui engagent toujours des changements dans leur vie.

« Je ressens une colère, vers l'âge de 6 mois... » « Ma mère ne voulait pas de moi. » Colère, haine, peur de mourir, refus, plus rarement joie et tendresse (ceux-là n'ont pas alors besoin de cette régression) apparaissent dans ces récits de « l'au-delà naissance ». Mouvements, mimiques, rotations accompagnent ces sentiments et expriment curieusement chez l'adulte les mouvements du fœtus. Mémoires du corps, mémoires des émotions, certitude des sentiments qui l'entourent, le fœtus sait « tout ce qui a été, tout ce qui est, tout ce qui sera ».

Ces grands voyageurs, que ce soit par *rebirth,* par hypnose, par méditation dirigée, etc., ont tous changé ou accepté quelque chose dans leur vie. A chacun son changement, du changement fondamental d'orientation mentale au changement d'une situation ou d'un point précis. Mais il existe toujours une unité : on ne demeure pas indifférent à sa naissance et à l'être « grand » qu'on était alors. Grand, mais puissant aussi avec ce redoutable pouvoir d'arrêter tout développement. D'aucuns se souviennent de ce désir de mourir, par colère ou par tristesse, malgré cet irrésistible appel de la vie terrestre qu'ils n'ont pas voulue. Quel est-il, ce petit homme spirituel d'avant la naissance jusqu'à 3 ou 4 ans de vie terrestre ?

Il est le fruit de milliers de vies passées. Celles de ses ancêtres, celles de son peuple, de sa race — à lui tout seul, il est le reflet de mémoires vivantes, lambeaux de ces archives universelles. Il vit d'abord dans les profondeurs de l'être, à un autre niveau de conscience, avant que d'acquérir une mémoire individuelle. Le cerveau, qu'il hérite de ses parents est façonné, telle une argile, par l'hérédité.

Mais l'hérédité n'a pas la force pour lutter contre une force vitale, l'âme, ou l'essence originelle, qui, bien au-delà de la famille, est propre à chaque être.

Et l'âme va façonner à son tour, durant la vie fœtale et les premières années de l'enfant, le cerveau, par une œuvre de tapisserie, au petit point, lui octroyant ce qui lui est dû :

dons, capacités, embûches, sentiments, pouvoir de souffrir ou de faire souffrir, espérance, foi, spiritualité...

On m'accusera de me cacher derrière l'âme plutôt que d'étudier la structure des neurones. Comme si soulever chacun des pavés du chemin pouvait montrer la route jusqu'en Espagne...

Ainsi, le rôle de l'être dans la réalisation de l'âme est plus important que celui des parents et de l'hérédité. Ce n'est en rien enlever aux mères la plénitude de la maternité, ce n'est plus les culpabiliser à propos des problèmes vécus par l'enfant. Certaines civilisations ont la notion de ce rôle de messager qu'ont les parents à l'égard de cet être qui leur est « prêté ». La nôtre est davantage celle de la possession et de la certitude que l'enfant ressemble à quelqu'un de sa famille... Ressemblance physique : « tel père, tel fils », mais pas obligatoirement similitude de l'être profond. Cette âme, cette pensée, cette essence, est-il vain de vouloir lui faire envahir la réalité physique ? Je n'en suis pas sûr. Souvenez-vous, nous parlions de ces transcendances successives de la pensée, vers l'énergie, vers la matière (aller-retour...). Nous évoquions un monde baignant dans une pensée universelle que les organes, le cerveau façonnent pour la rendre pensée personnelle. Rudolf Steiner décrit « l'aura enfantine » environnant le petit enfant dans les trois ou quatre premières années de sa vie. « Aura », « pensée », « mémoire », « énergie vitale », tant de mots pour ne décrire qu'imparfaitement ce que nous ressentons l'espace d'un éblouissement. Le rayonnement de l'enfant est autour de lui, expliquant son impossibilité à se dissocier de la nature, des êtres qui l'entourent ; il s'ajuste sur la nature vibratoire des choses et des êtres. (Rappelez-vous l'enfant jouant avec son taux vibratoire pour saisir un objet dans le noir). Puis, à la façon d'une faille qui s'ouvre dans la terre et engloutit la nature, le corps s'ouvre et la pensée, aspirée, pénètre dans le corps de l'homme. Une individualité franche peut naître, la perception d'un Soi distinct de l'univers, et la connaissance d'une réalité physique accordée par les cinq sens.

Plus ou moins vite, plus ou moins paisiblement, « voir l'invisible », « toucher l'intouchable » (voir Exercices) ne font plus partie de l'instinct ou des habitudes de l'enfant. (Ils ne disparaissent pas pour autant, car s'il y a un manque d'une perception, la vue par exemple, l'enfant ou l'adulte reprendra ces habiletés grâce à la mémoire.) L'enfant doit affronter la vie, les épreuves terrestres pour que le Soi vienne libérer l'âme, tel le chevalier au secours de la princesse. L'image du chevalier et de la princesse nous rappelle les contes de notre enfance, riches d'initiations oubliées, images symboliques qui imprègnent encore notre cœur et se révèlent parfois dans certaines circonstances de la vie, où nous nous découvrons subitement dans le rôle du « petit frère », de la « sorcière », du « crapaud », du « héros » ou de la « bonne fée ».

Steiner estimait qu'« il est d'une importance infinie pour l'homme de recevoir la révélation des mystères de l'existence sous le voile d'images symboliques, avant que l'âme ne les aborde sous la forme des lois de la nature ».

La mémoire devient alors « force de l'âme » puisqu'elle est gardienne des « armes » forgées par les mythes ou les contes dont nous n'avions pas encore compris le sens, si nous en avions apprécié l'histoire. Ces images oubliées, déposées dans l'inconscient, ou à un autre niveau de conscience, œuvrent le jour et la nuit, nous servant de « vocabulaire » pour nous comprendre nous-mêmes, à travers le « cadet », le « héros », le « roi » ou la « bonne fée ». Curieusement ce chemin nous conduit à cette querelle du « par cœur ». Faut-il tout comprendre avant de mémoriser ? Ou doit-on parfois apprendre avant de comprendre ?

L'enfant apprend des gestes dont il ne comprendra la signification que plus tard. Il retient les contes dont il ne comprendra — peut-être — le sens que trente ans après.

La compréhension n'est pas une force de l'âme, la mémoire l'est, qui puise sa nourriture dans la nature bien avant que l'intellect ne saisisse la réalité des choses. Un enfant peut donc s'imprégner des connaissances avant de les comprendre et doit s'enrichir de ces initiations qui sont pour lui impressions subtiles plutôt que vérités rationnelles. On saisit ainsi le sens caché de la règle de Pythagore qui exige de ses disciples, le soir, qu'ils repassent toute leur journée du début à la fin afin que cette mémoire garde trace des événements que l'intellect peut alors commenter.

Mais pourquoi donc, en fonction de quelle pensée, l'enfant refuse-t-il sa vie ? Pourquoi un enfant, né de « bons parents », est-il autiste avant même d'avoir été contrarié ? Pourquoi, l'un des fils, mouton noir — ou l'une des filles, brebis galeuse — n'embrasse-t-il pas la carrière pour laquelle ses parents ont toujours eu un goût ? Pourquoi un enfant montrera-t-il des préférences incompréhensibles pour une langue, ou les voyages, et un dégoût incompréhensible pour la lecture ou les mathématiques ? Pourquoi un enfant, suivi de thérapie en thérapie, devient un adulte suivi d'analyste en analyste, qui ne réussit pas à changer ?

Imaginons... que le choc émotionnel que l'on cherche

parce que l'enfant l'a oublié pour se protéger (viol, traumatisme...), le traumatisme émotif que l'on cherche à apaiser
(accident...) soit la conséquence d'une orientation mentale !

Que l'enfant, vibrant de ses connaissances passées, crai-
gnant les épreuves futures, façonne cette pensée universelle
en une pensée personnelle, une orientation mentale qui dit
« non ». Et que ce « non », pensée ennuagée, étende son
brouillard sur les composantes cérébrales, sur l'activité
d'organes purificateurs, tels le thymus ou la rate. C'est alors
qu'on emploie à juste titre l'expression « cela ne tourne pas
rond ».

Pensée, puis énergie, puis matière ; une orientation
mentale négative perd l'enfant dans des rêves négatifs jusqu'à
agir de façon négative sur la matière. L'enfant devient
prisonnier en son corps de son orientation mentale. Certaines
connexions synaptiques ne se font plus ou mal, certaines
composantes cérébrales n'agissent plus ou mal, c'est un
débalancement énergétique qui accroît la souffrance physique
et le malaise mental.

Ainsi l'enfant peut-il décider, en fonction de critères
inconnus de tous, de refuser la vie, de désirer la mort ou
seulement d'arrêter tout développement. Dans la crainte de
perdre un privilège acquis, il préférera souffrir, se noyer
dans des rêves négatifs, s'y complaire au nom d'un certain
masochisme — qu'il cachera. Refus d'obstacle... Bien
souvent, ce ne sera pas l'entourage qui aura maltraité
l'enfant le premier, mais lui-même, qui aura ouvert la porte
aux influences néfastes et qui « attirera la grêle ». On
qualifiera de choc émotif ce qui est conséquence d'une
difficulté d'adaptation.

Toute thérapie classique vient buter sur cette pierre
d'achoppement qu'est le centre émotionnel, sans remonter
à la source de la mésadaptation. Le psychologue, le psychana-
lyste, le psychiatre vont nous expliquer le cheminement,
étape par étape, de l'être humain qui est devenu transsexuel,
ou qui a développé une phobie du noir, ou qui subit
les séquelles de traumatismes physiques ou psychiques.
L'individu, par ce type d'analyse, prend conscience de sa
vie après le choc émotionnel, de la déviation de son Soi
blessé. En revanche, rares sont ceux qui virent un changement décisif dans leur vie après une thérapie qui s'éternise.
Toujours plus près du but, ils ne le voient qu'à travers un
brouillard et se sentent impuissants à l'atteindre. Comprendre n'est pas prendre, alors que prendre est déjà comprendre.
Doit-on en déduire que dans certains cas, pour aller plus
loin en avant, il faille repartir plus loin en arrière, au-delà

de l'époque où le centre émotionnel a été touché. Serait-ce repartir vers cette pensée originelle, cette orientation mentale ? Je le crois. C'est pourquoi, je vois renaître avec plaisir ces thérapies dites corporelles (*rebirth*, hypnose, psychologie transpersonnelle...) qui, par le jeu de la respiration, par le réveil des mémoires du corps, conduisent de la matière à l'esprit. Je dis bien « renaître », même si elles paraissent nouvelles, puisque Pythagore (toujours lui) préconise cette maîtrise du corps, de la respiration, de la mémoire (maîtrise qui n'est pas contrôle, mais libération), pour « embrasser facilement les choses qui sont en dix, en vingt vies d'homme ».

Maintenant, pour me faire l'avocat du diable, en fonction de quoi un enfant choisirait-il une vie semée d'embûches qui risque de lui faire dire « non » dès l'âge de 6 mois ?

Pour nous réaliser, il nous faut connaître que « ce qui est en haut est comme ce qui est en bas, pour accomplir le miracle de l'unité ». Ainsi doit-on reconnaître, accepter ou refuser, peur, injustice, colère, bonté, générosité, solitude, rancœur, etc. En une vie ? certains l'ont fait. En plusieurs vies ? Croyez-vous à la réincarnation, demande-t-on comme on dirait : « Avez-vous l'heure ? »

Je ne parviens pas à concevoir le concept de réincarnation tel qu'on le décrit souvent, aussi parfait qu'une chronique historique dans sa chronologie. La mémoire est « l'évasion hors du temps », non le retour à une linéarité horizontale ou verticale permettant de classifier vies et époques. Sans aborder une analyse de ce phénomène, je me plais à penser que ce que l'on appelle réincarnation est une simultanéité d'états d'esprit, regroupant toutes qualités et tous défauts, imagés de façon symbolique par des épisodes « adaptés » des annales akashiques, ou archives universelles. « Le passé comme source du présent », me souffle Mnémosyne...

Un être accompli passe par ces transcendances successives, aborde les rives du passé comme il prend connaissance de ses états d'âme. Que l'on ait une, sept ou dix mille vies, qu'elles soient nôtres, celles de nos ancêtres, ou archétypes, le temps et l'époque comptent moins que les actes et les pensées. Il nous faut passer par ce travail sur soi-même, connaître le noir et le blanc, réaliser l'équilibre entre l'asservissement et la domination. Sans doute ce choix est-il clair avant la conception, si l'on admet que la pensée, l'âme préexistent au corps. Sans doute l'enfant l'oublie-t-il aux confins de sa naissance. Si Mnémosyne est source d'immortalité, fontaine de savoir, Léthé, qui coule non loin d'elle, est source d'oubli, et l'âme qui y boit se trouve précipitée dans un corps humain. Décidément, Mnémosyne était déjà bien « branchée » sur la réincarnation.

Au moment de naître ou peu après, l'enfant oublie... Il commence tôt, cet oubli tant redouté...

De l'Orient à l'Occident,
de la matière à l'esprit,
les troubles
du comportement

Pourquoi choisir la mémoire dans cette démarche d'enfant en difficulté ? A chacun son dada... Le mien est de trouver, grâce à la mémoire, les sens et l'émotivité, un lien entre le monde extérieur, l'enfant et son monde intérieur. Les sens qui vont de l'extérieur vers le cerveau me paraissent un moyen privilégié de contact. Privilégié aussi car toute sensation extérieure envahit le cerveau, éveillant certaines zones muettes, ajustant et réajustant communications et liaisons synaptiques. Ainsi, agissant physiquement sur le cerveau, peut-on réaliser un changement tangible dans les questions-réponses, sensations-perceptions de l'enfant face à la vie.

Encore faut-il accepter, parents et enseignants, de ne pas sauter dans le vif du sujet (mémoire des dates, règles de grammaire...), mais de contourner le problème en attendant qu'une mémoire équilibrée offre spontanément une capacité de réussite. Selon l'urgence bien entendu, il peut être nécessaire d'employer des moyens rapides et précis de rééducation, mais en étant conscient que traiter l'effet sans rechercher la cause ne résoudra pas le problème.

Encore faut-il accepter qu'un trouble d'apprentissage de plus en plus grave révèle un malaise de l'enfant vis-à-vis de lui-même. Malaise qui s'exprimera par une inattention passagère et bien normale à son âge, ou par un blocage plus profond, refus de communiquer ou mise en échec des structures dites intellectuelles, tels le langage et ses descendants, lecture, écriture, mathématiques.

Encore faut-il accepter que l'enfant change : que cet être à qui l'on attribue ressemblances parentales, personnalité future et tendances absolues puisse se révéler autre et s'éloigner ainsi mentalement, et peut-être plus tard physiquement d'un milieu ou d'un monde qui ne respectent pas son désir profond. Beaucoup d'enfants ne pouvant pas fuir « pour de vrai » fuient dans le rêve, tel l'autiste ou le schizophrène. Nous en reparlerons. Ne pas oublier non plus que si ces chers petits ont des trous de mémoire impardonnables à nos yeux, nous en avons autant pour les choses qu'ils jugent importantes et que nous jugions importantes à leur âge. Le cerveau obéit à des impulsions, chez l'adulte et chez l'enfant, l'adulte motivé et l'enfant intéressé retiendront ce qui leur conviendra.

Et toujours se souvenir que la matière agit sur la pensée et que la pensée agit sur la matière. Qu'ainsi un enfant peut présenter des troubles physiques à la suite d'une orientation mentale donnée, mais qu'une faiblesse organique peut être à l'origine d'une tristesse ou d'une agitation. Qu'enfin la mémoire ouvre les portes de la tolérance : si tous les enfants du monde ravissent leurs parents, tous les parents du monde n'ont pas la même conception de leurs enfants. Et si toutes les civilisations du monde ont acquis un don de guérir, toutes les médecines du monde ne se ressemblent pas.

LA RECHERCHE OCCIDENTALE

• L'attention, porte de la mémoire

Un déficit d'attention n'est pas à proprement parler un trouble d'apprentissage mais peut, en revanche, empêcher l'enfant ou l'adolescent de mémoriser et, par conséquent, de suivre la classe. Peu d'attention ou beaucoup... Il est si subjectif de notre part de vouloir caractériser l'attention d'un enfant — ou la nôtre. Il y a le vagabondage de l'esprit que l'on peut facilement contrôler, par une réflexion ou un avertissement ; il y a le défaut d'attention aussi solide qu'une forteresse ; il y a enfin toutes les nuances de l'un à l'autre, selon l'enfant, son mode de vie, son tempérament et les circonstances. Une chose est certaine : inutile d'accuser la mémoire d'un enfant inattentif. Si l'on n'ouvre pas les vannes d'un barrage, il ne faut pas s'étonner de n'avoir qu'un filet d'eau.

— Le manque d'attention peut refléter une angoisse

profonde, et se concentrer risque de faire jaillir l'anxiété. Se disperser, bouger sans cesse cache cette oppression ou ce vide intérieur. L'inattention n'est pas un manque de mémoire, c'est la mémoire de l'anxiété.

— Le manque d'attention peut provenir d'un effort trop intense. L'enfant s'acharne sur un travail, une crispation survient (dans les yeux, dans le cou...), une tension de tout le corps s'installe. Cette « réceptivité en tension », tout adulte la connaît et n'ose pas toujours la rompre. L'enfant, plus volontiers, relâchera son attention et bougera pour obtenir un soulagement physique et mental.

— Le manque d'attention peut provenir d'une hyperstimulation. Un enfant à la tête pleine, sensible à tout ce qui bouge, intéressé par le moindre bruit ou la plus petite nouveauté, ne sait pas choisir le moment de céder à la stimulation ou de l'ignorer. Il faut alors arrêter le flux des sensations, libérer le cerveau de ce qui l'encombre. Le mouvement mental (imaginer des objets dans la tête, les effacer...) assouplit et discipline la réceptivité de l'enfant.

En conclusion, que ce soit par angoisse, tension ou sensibilité exacerbée, le déficit d'attention de l'enfant est en rapport — de près ou de loin — avec les phénomènes de maturation, et les difficultés qu'ils entraînent parfois : découverte de son émotivité, perception de soi-même et des autres, à travers le corps et l'esprit.

A la fin de l'ouvrage, quelques exercices sont suggérés. Avant de les faire pratiquer aux enfants, essayez-les vous-même et faites-en votre profit...

Il est indispensable d'éveiller son attention avant toute chose !

• L'hyperactivité

Si elle n'est pas sans rapport avec un manque d'attention, l'hyperactivité perturbe plus profondément l'enfant, sa famille, son enseignant et... sa classe. Fortement controversés, des médicaments tels que le Ritalin (stimulant à base de méthylphénidate) rivalisent avec les techniques de psychomotricité ou les thérapies enfantines dans la tentative de guérison. Remèdes différents, selon les origines supposées, elles aussi controversées. Dysfonction cérébrale, retard de maturation, déséquilibre émotif ? Peut-on réellement parler de syndrome d'hyperactivité, lié à une cause unique, ou de symptômes voisins de troubles d'origine différente ? Je n'ai pas la prétention de répondre à cette question, seulement d'exposer les tendances actuelles. Toutefois, une réflexion s'impose : l'hyperactivité du petit enfant de 2, 3 ou 5 ans est appréciée sinon valorisée par les parents : « On aime mieux les voir bien vivants que repliés sur eux-mêmes. » Cette qualité devient défaut dès la porte de l'école. Si l'enfant ne cesse de bouger, il n'apprendra pas, et le spectre de l'échec hante les parents, habite bientôt l'enfant lui-même, qui apprendra à se sentir « mauvais » et coupable, connaîtra frustration, orgueil mal placé, impression de ne pas avoir été compris — sentiments qui, nous l'avons vu précédemment, ne laissent guère de place à la réceptivité. On espère que, le plus vite possible, il maîtrisera le langage et les processus intellectuels qui feront de lui un être doué. On l'espère de plus en plus tôt, et de façon de plus en plus sophistiquée. Mais le cerveau ? A-t-il décidé pour autant d'accélérer sa maturation par rapport à une époque où travail physique (aux champs ou ailleurs) s'équilibrait avec travail intellectuel (lecture, écriture). Que les connaissances soient plus approfondies pour tout le monde, c'est un progrès bien sûr que l'on ne saurait nier, mais est-il nécessaire d'essouffler un cerveau qui peinerait infiniment moins quelques mois ou quelques années plus tard ? Pour prendre un cas extrême, combien d'adultes, ayant passé à travers l'école sans grands souvenirs, se sont eux-même instruits quand un ensemble de paramètres se sont ajustés, temps, intérêt, équilibre psychique et physique ?

Enfin, y a-t-il de plus en plus d'enfants hyperactifs ou de plus en plus de parents fatigués ? La vie, plus facile dans certains cas, est plus exigeante dans d'autres : familles monoparentales, loisirs à tout prix, enfants en crèche ou à l'école le plus tôt possible, désir de ne rien manquer de l'existence, angoisses devant l'avenir. Tout cela contribue à une réorganisation de l'être humain. Sans doute le cerveau connaîtra-t-il une évolution, les schémas de pensée et les attitudes de l'enfant aussi, mais... pas si vite !

Si l'origine de l'hyperactivité (organique ou socio-affective ?) est controversée, il règne en revanche un accord sur les principaux symptômes qui constituent le syndrome d'hyperactivité (cf. Jacques Thiffault, *Les Enfants hyperactifs*) :

— l'hyperkinésie définie comme l'incapacité à inhiber le mouvement, alliée à une inutilité du geste exécuté sans but véritable ;
— le déficit d'attention, conséquence de l'hyperkinésie — une difficulté à rester attentif plus de deux ou cinq minutes, dont la conséquence immédiate sera le retard dans la lecture et l'écriture ;

— l'impulsivité — « aussitôt dit, aussitôt fait », même si ce n'est ni l'heure ni le moment... Le bon côté de cette impulsivité réside dans l'affection sans détours de ces enfants imaginatifs et créatifs ;

— l'excitabilité, plus forte que la moyenne, à l'origine de bien des batailles et d'un taux de frustration très bas. A l'origine aussi d'une haute sensibilité sensorielle, visuelle, auditive, tactile, gustative, olfactive, excuses à bien des distractions...

L'accord entre les différentes écoles ne va pas plus loin. Certains préconisent une explication organique à ce syndrome : ces derniers mettent en évidence les symptômes complémentaires qui justifient un déficit moteur, d'où le terme d'hyperactivité constitutionnelle. Maladresse des mouvements, manque de coordination, motricité fine désastreuse (écriture), orientation spatio-temporelle difficile, hypotonie des muscles... Ces enfants parlent volontiers de leur hyperactivité comme d'un handicap physique et suivent avec intérêt une rééducation psychomotrice (pour la plupart). La recherche clinique met en cause principalement un déséquilibre dans le métabolisme des neuromédiateurs, telles la sérotonine, la noradrénaline, la dopamine. Ces neurones habitent les régions limbiques du cerveau (cerveau des émotions), le néocortex et le cerveau reptilien, décidant ainsi les difficultés d'attention, d'émotivité et de motricité. Déséquilibre biochimique et non lésion, ce qui devrait écarter le terrible diagnostic de « dysfonction cérébrale minime ». Ce déséquilibre serait-il consécutif à une maturation plus lente, à une organisation cérébrale (myélinisation, connexions intersynaptiques, activité neuronale...) qui « prend son temps » ? L'avenir le dira.

Quant au traitement... facile et tentant : les amphétamines (méthylphénidate, ou Ritalin utilisé au Canada) agissent avec une précision redoutable sur les types de neurones incriminés. Redoutable car, si la structure moléculaire est différente, les amphétamines n'en ont pas moins les effets de la cocaïne : une certaine euphorie (liée à leur action sur le cerveau des émotions), une force musculaire et une précision de geste (grâce aux voies nerveuses qui descendent), une acuité mentale et une clarté d'esprit (par le néocortex). Redoutables, elles le sont aussi par leurs effets secondaires, accoutumance, dépendance, dont les conséquences mêmes sont méconnues ou non observées à long terme. On n'interfère pas impunément sur des neurones en voie de maturation. Comment expliquerons-nous notamment à des adolescents que la cocaïne est proscrite, mais que les drogues médicales ont leur justification quand les effets, ces vieux amis d'enfance, sont les mêmes.

Si l'hyperactivité n'est pas organique, mais de nature émotive, les stimulations n'auront alors aucun effet (c'est le moins grave) ou induiront des symptômes de type psychotique ou schizophrénique (c'est le plus grave). La neurochimie cérébrale est un domaine fascinant à explorer mais, malgré les différentes découvertes, incertaine quant à ses applications.

Ainsi une hyperactivité d'ordre purement émotive peut apparaître. Celle-ci surviendra un peu plus tard, vers 5-6 ans, et sera une façon de survivre à l'anxiété. Dans cette forme, les troubles de la personnalité prédominent aux désordres mentaux, et par là même on devrait axer le traitement moins sur une rééducation motrice que sur une façon de faire face à la vie, aux problèmes. Affronter, non plus fuir ou s'étourdir. C'est alors l'affaire de psychologues, de pédagogues ou de quelqu'un qui saura capter l'intérêt de l'enfant et se contenter de son bon sens comme forme de thérapie.

Thérapie, ou prescription médicale sont les alternatives de la science occidentale. Nous laisserons un peu plus tard la parole à la science orientale.

• L'autisme

Plus grave car il engage l'indépendance de l'enfant. Autisme primaire ou secondaire, léger ou profond, l'enfant s'éloigne du monde qui l'entoure et vit dans un pays où l'on ne grandit pas.

Ces enfants psychotiques, inaccessibles et fascinants, solitaires et souffrants, nous remettent en question. Pourquoi ? Sommes-nous responsables ? De quoi ? Encore faudrait-il connaître la cause de cette psychose infantile grave. On peut invoquer le passé médical, affections sanguines, maladies précoces, le passé émotif, enfants abandonnés, mis en soins intensifs, le passé familial, enfants non désirés, parents difficiles, passés communs à de nombreux enfants non autistes. Parfois on ne peut invoquer aucun passé, si ce n'est celui du fœtus : l'enfant est né autiste, refusant dès les premiers jours le jeu de la vie, manger, pleurer, aimer.

Comme dans le cas de l'hyperactivité, n'y a-t-il qu'un cheminement qui conduise à l'autisme, ou ce syndrome représente-t-il la « conclusion » de différents malaises, voire d'une orientation mentale, propre à l'enfant, indépendamment de ses parents ? Impuissants à l'expliquer de façon satisfaisante, du moins pouvons-nous classer deux formes d'autisme (cf. Renée Marti, *Écouter et comprendre les enfants autistiques*) :

— celle qui survient dès la naissance, peut-être avant, et sur laquelle nous n'avons aucune prise ;

— celle qui survient brusquement, après un départ normal où l'enfant apprenait à communiquer, marcher, parler. Est-ce l'étape de l'autonomie, difficile pour tous, qu'ils ont refusé de franchir ?

L'enfant autiste (ou autistique) a sa propre perception de son corps, de ses sens, du monde qui l'entoure. Perception que nous ne savons pas partager et qui nous paraît dénuée de sens ou tout du moins d'unité. Le corps de l'enfant autiste ne paraît avoir aucune frontière, comme s'il restait mentalement au niveau d'une symbiose inachevée (mal achevée). Ainsi, quand d'autres enfants apprivoisent les distances et font connaissance de leur corps (« entrées et sorties »), le petit autiste se sent perméable à l'eau, ou « vidé » lors d'un passage aux toilettes, éprouve une difficulté à identifier ses différents segments (bras, pieds...) comme siens, se tient collé à une personne.

Cette inquiétude, commune à tous, s'exprime différemment selon chacun : une « carapace » pour certains qui ne ressentent pas la douleur ; une « passoire » pour d'autres qui hurleront à la moindre égratignure. Hypersensibles ou insensibles, à l'abri du vertige, de maladies virales même, autant de personnalités différentes comme réponse à une expérience de base.

Les sens, portes ouvertes sur l'environnement de l'enfant, sont actifs — trop actifs même — et pris au sens propre du terme. Le regard « pénétrant » de l'adulte traverse l'enfant qui se protégera en regardant du coin de l'œil ou subrepticement. Une voix perçante le transpercera, nulle façon d'éviter cette blessure qui mène parfois à l'affolement. Goût, odorat sont hyperdéveloppés ; le toucher aussi, sens clé qui permet d'annuler la séparation.

Les sens, portes ouvertes sur la vie interne, offrent perceptions agréables par le biais du tournis, ou de balancements doux et lents. Mais ces sens ne présentent pas d'unité. Chacun pour soi, comme si la pensée ne parvenait pas à les relier dans une image globale et cohérente. Leur pensée ne paraît pas justement solidaire du langage. Ou du moins l'autiste n'utilise-t-il les mots que rarement. Soit qu'il soit mutique (ne parlant pas, mais pouvant physiologiquement parler) ou qu'il utilise les mots dans un tout autre sens, pour lui-même. Un enfant autiste qui se met à parler le fait tout de suite de façon structurée, sans passer par les mots de bébé. Le langage est prêt à sortir, aucun désordre neurologique n'est présent, l'incapacité de parler vient d'ailleurs. En effet, le langage n'est pas pensée. Et leur pensée, qui existe, même inaccessible, se joue des mots pour n'être que vibrations. Leur pensée peut parfois s'accorder sur celle d'un parent ou d'un éducateur, pour saisir une intention ou déceler un sentiment.

Peut-on « soigner » un enfant autiste ? Plutôt l'accompagner dans son cheminement, dans un domaine hors du temps où chaque geste peut être renouvelé à l'infini. Il faut accepter ces enfants tels qu'ils veulent être, s'émerveiller de leurs progrès et combattre nos déceptions et culpabilité vis-à-vis d'êtres qui ont, eux aussi, un avenir devant eux.

• La schizophrénie

La schizophrénie n'est pas un trouble que l'on rencontre chez le jeune enfant. Si j'ai choisi de survoler cette maladie mentale, c'est parce qu'elle est représentative de l'activité disharmonieuse des composantes cérébrales, de l'interprétation des sens, de l'émotivité et des processus intellectuels. Il m'a paru intéressant à ce propos de confronter l'avis occidental et oriental de la même maladie. La schizophrénie fait partie des psychoses les plus graves, synonyme de folie. Si elle revêt différentes expressions, sa forme la plus grave interdit toute communication « normale » avec l'entourage et toute communication « classique » avec soi-même. Les sens, l'émotivité, l'intellect, solidaires les uns des autres dans notre forme de pensée, peuvent présenter chez le schizophrène une organisation fort différente. Incompréhensible pour nous mais logique si l'on y réfléchit, puisqu'elle est le résultat d'une perception fausse (des sensations internes et externes) entraînant émotivité et intellect « décalés ». Ainsi, ses idées peuvent nous paraître délirantes, certitude d'être un homme célèbre, ou d'être habité, de vivre à une autre époque, impressions d'être dirigé par une force externe, peur d'affronter les autres. Le schizophrène s'isole mentalement et physiquement : sans doute est-ce là la conséquence d'une pensée perturbée et d'une conception du monde personnelle que l'homme « normal » ne peut partager et qui le rend par là même menaçant.

Les hallucinations sont le pain quotidien de certaines formes de schizophrénie : l'activité spontanée des aires corticales spécifiques entraîne des hallucinations auditives, voix chuchotées ou impératives, allant jusqu'à suggérer le suicide. Hallucinations olfactives, visuelles, tactiles ou gustatives se rencontrent de façon moins systématique chez le patient. Une émotivité à fleur de peau, des sens mal interprétés influencent obligatoirement le mode de raisonnement du malade et l'ensemble de ses processus mentaux. Cette hypersensibilité colore la pensée elle-même d'une vie propre, telle cette impression que les idées sont « diffusées » vers les autres, après avoir été « insérées » en lui-même.

Qu'y a-t-il à l'origine ? Une perturbation de la pensée a-t-elle déclenché des troubles émotionnels ? Ou une émotivité perturbée a-t-elle modifié les schémas de pensée ? Bien difficile de répondre. Toujours est-il qu'en Occident, la schizophrénie est le domaine des neuroleptiques ou antischizophréniques. Certaines formes de schizophrénie apparaissent dès l'adolescence et persistent toute la vie. C'est donc toute sa vie que le schizophrène prendra des neuroleptiques sous peine de voir réapparaître les symptômes. Il est bien important de concevoir que les antischizophréniques ne guérissent pas la maladie et ne sont que des palliatifs. Ces drogues agissent sur le métabolisme de la dopamine, soumis à un emballement chez le schizophrène. Bloquant les récepteurs à dopamine, ils régularisent certains types de désordres causés par la suractivation de la dopamine. En effet, si les hallucinations sont mises en échec par ces médicaments, il n'en est pas de même avec les symptômes de carence affective et les comportements antisociaux. De plus, lors d'utilisation prolongée, des effets secondaires surgissent, telle la dyskinésie tardive, avec mouvements amplifiés de la langue, de la bouche, des bras et des jambes. Le cerveau a réagi : les blocages répétitifs des récepteurs à dopamine entraînent par contrecoup une prolifération de ces récepteurs, particulièrement dans le striatum, d'où l'apparition de dyskinésie.

Les perspectives sont les suivantes : perfectionner les neuroleptiques pour qu'ils agissent de façon ultra-spécifique sur les neurones impliqués dans les processus mentaux ; ou partir sur une autre voie, cherchant ailleurs le « défaut » cérébral que l'action de la dopamine révèle.

• La dyslexie

La dyslexie est un problème d'apprentissage qui touche la lecture et l'écriture principalement. C'est-à-dire que l'on s'en inquiète principalement lorsque l'enfant peine à l'école dans ces activités. Son apparition est capricieuse et mal connue, son diagnostic est délicat et doit prendre en compte un ensemble de symptômes, elle touche environ 5 à 10 % de la population des enfants. Tout problème de lecture n'est pas un problème de dyslexie, mais un problème de dyslexie causera toujours une difficulté dans la lecture, difficulté associée à divers problèmes comportementaux.

La dyslexie touche à la structure du langage et de l'individu. L'enfant ne présente pas un trouble sensoriel important (vue, ouïe, mouvement...) et, malgré une intelligence normale ou supérieure, ne parvient pas à maîtriser lecture et écriture.

On s'inquiète beaucoup des symptômes les plus évidents, inversion de lettres, confusions phonétiques, incompréhension des idées. On passe plus rapidement sur des symptômes complémentaires, concentration, mémoire fragiles, troubles de l'orientation dans l'espace et le temps. On néglige souvent des symptômes accessoires, déficit auditif discret (audiogramme normal), développement affectif perturbé et surtout développement du langage apparu plus tard, avec trop souvent déformation de phrases, structure grammaticale inadéquate et pauvreté de vocabulaire. Tous les enfants dyslexiques n'ont pas tous ces symptômes, tous ces symptômes ne sont pas également développés chez tous les enfants dyslexiques. Il n'est pas malheureusement possible actuellement de détecter la dyslexie avant qu'elle ne se manifeste dans la lecture et l'écriture. Certains indices peuvent mettre sur une piste, mais il semble qu'un traitement ne puisse survenir qu'avec l'apparition des symptômes.

A quel niveau du processus verbal et de la lecture, la dyslexie intervient-elle et quel en est le responsable ?

Lorsqu'on lit, c'est un système très complexe et multidisciplinaire qui s'organise : l'œil, soutenu par des muscles oculaires, suit les lignes dans un sens et à un rythme donné (lentement, puis plus rapidement au fur et à mesure). Problème visuel dans la dyslexie ? Peu probable...

La lecture est une activité symbolique. Un objet bien réel, dont on cite le nom, se voit réduit à un assemblage de lettres muettes. « Sons déshydratés » quand ils parviennent à l'œil, les lettres reprennent vie et sonorité en passant par l'oreille. L'oreille et la cochlée, relais et accessoire fondamental de la lecture, décodent les caractères, leur réapproprient un train d'ondes vibratoires et acoustiques et leur permettent de continuer leur chemin vers le cerveau, nantis d'une réalité sonore. La dyslexie, un problème d'oreille ? Peut-être...

Les informations visuelles et sonores parviennent au niveau cérébral. Les centres du langage mais aussi d'autres composantes jouent un rôle dans la perception et l'interprétation des mots, des phrases, des idées. L'attention, la mémoire, les expériences sensorielles emmagasinées depuis la naissance colorent cette compréhension et nourrissent son aptitude à décoder et à encoder les informations qui vont et viennent. Les deux hémisphères ont leur mot à dire, les relations entre hémisphères prennent alors toute leur importance, l'enfant se perçoit lui-même et perçoit les autres par un nouveau code d'accès : le langage. La communication verbale est née. La dyslexie, un problème neurologique ? Une dysfonction cérébrale ? Pas si sûr...

Alors, à qui la faute ? l'hérédité au banc des accusés ? On constate souvent des familles de dyslexiques, de père en fils, ou un retard atavique après deux générations sans problème. Une composante héréditaire ? c'est probable, mais pas absolu.

Et pourquoi pas l'enfant lui-même ? Traumatisé, perturbé affectivement, ne peut-il déclencher une dyslexie comme façon d'exprimer son malaise ? Est-ce la cause, ou la conséquence, on rencontre souvent des enfants malheureux, en échec, agressifs ou désobéissants. Enfin, pourquoi vouloir une cause et non un ensemble de causes. La vérité est à la fois plus simple et plus compliquée. Toutes les écoles sont défendables par ce qu'elles apportent. La dyslexie est plus un problème d'organisation dynamique de ces éléments qu'une déficience stable d'un de ces éléments. C'est dans le « mouvement » qu'est la solution et non dans une « stabilité » : non pas une action spécifique, mais une action coordonée. Ainsi réconcilions-nous les données des pédagogues, psychologues, psychomotriciens, neurobiologistes, généticiens, spécialistes de l'oreille, etc.

Revenons sur certaines de ces hypothèses.

On ne peut mettre en doute l'impact des conflits intérieurs ou extérieurs à l'enfant, de carences affectives, de situations traumatisantes sur l'aggravation de symptômes dyslexiques. On ne peut pas toutefois leur attribuer la responsabilité et, surtout, ces constatations ne débouchent pas sur une réadaptation de la dyslexie, même si, indirectement, une thérapie peut contribuer au bien-être de l'enfant : disparition du sentiment d'être « mauvais », ou rejeté par ses parents, ou anxieux devant la vie.

Hérédité ne signifie pas fatalité. Un terrain propice à l'apparition de la dyslexie peut être transmis par la famille, mais la discussion ne s'arrête pas là... Un terrain peut être laissé à l'abandon si l'on part du principe qu'il est aride, ou ensemencé si l'on se décide de faire face à la sécheresse.

Quant à soutenir une dysfonction cérébrale, une malformation au niveau des centres du langage, c'est délicat. Il est vrai que certaines formes de lésions cérébrales d'origine traumatique ont provoqué des dyslexies littérales, ou de surface, ou phonologiques. Mais est-ce qu'une lésion nous renseigne sur la fonction de la zone lésée ou révèle seulement une communication interrompue entre différentes zones ? D'ailleurs les tenants de la thèse neurologique doivent reconnaître qu'ils ne peuvent pas plus traiter le problème que le diagnostiquer de façon certaine. Chez l'« enfant normal » quoique dyslexique, on ne décèle aucune lésion apparente. Le terme de dysfonction cérébrale, aussi paniquant qu'il soit, ne semble toucher qu'une organisation cérébrale que l'on peut améliorer par une réorganisation cérébrale. La complexité des cellules nerveuses est telle qu'on ne peut absolument pas mettre en évidence une zone mal connectée. Tout au plus pouvons-nous suggérer que le problème n'est pas dans une zone précise, mais dans les relations entre zones.

L'oreille en question ! On ne peut comprendre ce que l'on n'entend pas... Son rôle d'accessoire est primordial car elle capte les sons parlés et redonne vie aux sons écrits. Sa sensibilité aux différentes fréquences et aux décibels engage l'attention de l'enfant ou sa distraction (tendre l'oreille ou la fermer), la reconnaissance des sons émis ou leur confusion (différencier le *b* du *p*...). Des otites répétitives ou des infections diverses peuvent affecter de façon subtile (l'audiogramme reste normal) l'écoute, notamment dans les zones de fréquence du langage. L'enfant ne confond pas ses lettres visuellement, il les confond auditivement et ne peut ni les reconnaître, ni les répéter, ni les écrire. M. Tomatis, si fortement controversé, base sa rééducation sur l'oreille. A mon avis, il se sert de l'oreille comme d'un médium et les effets de sa rééducation touchent les structures cérébrales profondes, dans leur réorganisation par rapport aux données nouvelles (meilleure sensibilité auditive) qu'elles reçoivent. On se plaît à lui accorder des hypothèses fausses, mais on devrait avoir l'honnêteté de constater l'efficacité thérapeutique consécutive à des prémisses inexactes.

Cela nous amène à parler du traitement. Nous venons de citer « l'oreille électronique » de Tomatis, citons également les approches médicinales (amphétamines, antidépresseurs) que je ne saurais recommander, les méthodes « révolutionnaires », sémiophonique ou auditivo-verbale, et les traitements plus discrets par des orthopédagogues, des orthophonistes ou des pédagogues, selon le continent où vous vivez.

De façon schématique, le traitement doit remplir les conditions suivantes :

— La personne doit être très compétente, au-delà de son diplôme ! En effet, elle devra se débattre avec l'émotivité de l'enfant, établir une relation individuelle et privilégiée entre lui et elle, s'adapter au rythme et au psychisme de l'enfant, croire en ses résultats, être attentive aux moindres détails secondaires, communiquer avec les parents, l'école, les professionnels de la santé. En conclusion, les thérapeutes doivent travailler autant sur eux-mêmes que sur l'enfant. Cela devient une vocation.

— L'enfant dyslexique a besoin d'une méthode phonétique. L'enfant doit entendre le son, reconnaître le son, prononcer le son, jouer à assembler les sons, avant d'aborder la lecture, où les mots n'ont plus de « voix ». C'est en fait recréer les processus d'apprentissage de la langue parlée et sa symbolisation en langue écrite, étape que l'enfant — pour toutes sortes de raisons — a manquée, compensant alors en « devinant » ou en apprenant « par cœur ». Évidemment, s'il y a toujours un espoir de guérison, celle-ci est d'autant plus certaine que le problème est pris précocement. Les enseignants ont ce rôle à jouer, être attentifs à ce qui ne « tourne pas rond » dès les premiers apprentissages.

Les parents peuvent toujours veiller au grain. S'attachant à connaître les processus du langage (mais tous les parents ne le désirent peut-être pas !), ils peuvent surveiller et encourager leur mise en place par le développement de capacités motrices et de la micromotricité, des habiletés, visuelles, auditives, spatio-temporelles, de la latéralisation, de l'attention, de la mémoire... S'ils sont tout de même pris dans la « tempête dyslexique », encore peuvent-ils encourager, féliciter le moindre résultat, rester attentifs et solidaires de l'enfant. Attention à la surprotection tout aussi néfaste que le rejet.

Les exercices présents dans ce livre s'adaptent bien à la préparation de l'enfant à la scolarité : éveiller ses différentes mémoires, allant jusqu'à suggérer une synesthésie, c'est mettre en place la communication entre les différentes composantes cérébrales. Avant un problème, pendant un problème, après un problème, ces exercices de base resteront toujours le « conditionnement physique » de l'athlète (enfant, adulte, vieillard) et ne s'opposent à aucun traitement plus spécifique au langage et à la lecture/écriture.

Voilà, très résumés, les apports d'une recherche et d'une médecine occidentale qui s'attachent au réel, appelé matière.

LA RECHERCHE ORIENTALE

Voici maintenant le cheminement d'une médecine chinoise qui s'attache elle aussi au réel, nommé énergie.

Deux facettes d'un diamant aux multiples feux... Ginette Lechasseur, docteur en médecine traditionnelle chinoise à Saint-Joseph de Sorel, m'a prêté son concours pour simplifier ces connaissances de quatre millénaires.

Les énergies qu'harmonise la médecise chinoise sont dites héréditaires, car elles sont présentes dans l'embryon et le fœtus, chez l'enfant et chez l'adulte. Elles sont de nature différente, énergie du « ciel antérieur » (innée), énergie du « ciel postérieur » (acquise), énergie du couple « ciel antérieur, ciel postérieur » infiniment sensible aux énergies de l'environnement. Ce qui nous permet de dire que « l'adulte est le nourrisson du cosmos tout en étant le produit de ses parents ». Médiateur entre le ciel et la terre, l'homme, par un déséquilibre, voit l'énergie de défense de son corps affaiblie et les énergies cosmiques devenir pathologiques : on parlera de feu, de froid, de vent, de sécheresse, d'humidité, de canicule à un niveau externe (torticolis, contracture, grippe...), puis à un niveau interne (insomnie, apoplexie, paralysie).

La médecine chinoise prend donc en compte les saisons, les éléments — la terre, l'eau, le feu —, la physiologie des organes et des entrailles, la psychologie et les sentiments.

Selon la résistance du sujet, un excès d'émotions peut entraîner un déséquilibre énergétique ou maladie, de même qu'un organe physiologiquement déficient peut induire un état d'esprit perturbé. Organes et entrailles se retrouvent liés aux fonctions émotives et mentales dans la médecine chinoise : le foie et la colère, la rate et les soucis, les reins et la peur, les poumons et le chagrin, le cœur et la joie.

Selon les Zang-Fu, l'esprit ne dépend pas du cerveau mais du cœur. Les sentiments sont régulés par le foie, le rein est dépositaire de l'essence originelle (innée et acquise). Le sang, quant à lui, est le support matériel de la conscience comme nourriture du cerveau. Ainsi pourra-t-on dans les maladies mentales après avoir ouvert les « portes du ciel », situées à la base du cou et contrôlant les chemins de l'encéphale, rétablir le déséquilibre énergétique au niveau des organes. Lorsque l'on parle en médecine chinoise d'une dysfonction d'un organe, il ne s'agit pas d'une lésion visible, telle une tumeur, mais d'une désorganisation énergétique, perceptible par une analyse subtile des pouls, de points d'alarme et de symptômes divers. Les principes thérapeutiques qui correspondent à ces maladies mentales sont : « clarifier le cœur, ouvrir les ouvertures, nourrir le cœur, apaiser le mental, rafraîchir le feu du foie, éteindre le vent du foie, fortifier la moelle... »

La médecine chinoise, s'attaque donc à des maladies dites mentales, diagnostiquées comme une anomalie de neuromédiateurs « chez nous ». La maladie de Parkinson est causée par un vent interne, lié à une dysfonction du foie.

Les psychoses maniaco-dépressives, les névroses sont provoquées par un feu du foie embrasant la partie supérieure du corps. Quand le feu est trop fort, il produit du vent qui amène épilepsie, méningite, convulsions.

Le schizophrène voit ses « ouvertures du cœur » bouchées par les « mucosités ». Cette forme de folie calme — patient hébété, qui parle seul, au regard fixe et à la conduite anormale — se soigne en « lavant les mucosités » et en « ouvrant les orifices ».

Une asthénie psychique révèle une faiblesse des reins. L'aphasie, cette perte de langage consécutive à un traumatisme crânien, sera diagnostiquée dans certains cas comme une perturbation du Qi et du « sang dans la tête ». Stase sanguine et stagnation du Qi affectent le cerveau, centre des activités mentales, et obstruent l'« orifice de la parole ».

Il n'est par conséquent pas interdit de penser que l'on puisse aider un enfant dyslexique dans la réorganisation du langage, si l'on considère celui-ci comme l'aboutissement d'une chaîne de fonctions (physiques, émotives, intellectuelles) perturbées. L'hyperactivité, selon la médecine chinoise, est provoquée par une disharmonie des fonctions du cœur et du foie. Si le Yin du cœur est déficient, le feu embrase la tête, d'où l'agitation, car le cœur qui devrait contrôler l'émotion et l'esprit n'y parvient plus. Quant au foie, il régule le Qi du sang. Il est associé au bois, au vent, au printemps. Une déficience du Yin du foie cause un Yang du foie qui s'exprime par un vent interne et par une hyperactivité externe. Le traitement doit donc s'appliquer sur un « vent du foie » et un Yin de cœur, dans ce cas d'hyperactivité, car chaque enfant présente un ensemble de symptômes parfois subtilement différents.

Que ces termes sont imagés ! Les saisons sont présentes, les éléments aussi, esprits de la terre, de l'eau et du ciel. Mais est-ce seulement symbolique ou ne ressentons-nous pas parfois un « vent dans la tête » ou un feu de colère ? Ce que j'appelle mémoire sous-corticale nous met à l'écoute de cette sensibilité interne, de « cet essentiel invisible pour les yeux ».

Cette rapide étude n'est pas une confrontation de la médecine occidentale et de la médecine orientale pour juger le vainqueur et le vaincu. Elle est là seulement pour attirer l'attention et montrer que c'est à chacun de choisir pour soi et son enfant. Quand quelqu'un vous dit « c'est sans espoir », vérifiez la nature de son espoir. Est-il limité à ses connaissances, à ses croyances ? Un homme assis sera sans espoir d'attendre la plus haute branche de l'arbre. Un homme debout s'en rapprochera. Un homme monté sur l'échelle l'atteindra.

Nous avons maintenant quelques notions de ces troubles comportementaux et d'apprentissage selon l'approche occidentale où la matière est reine. Il me faut maintenant, pour être fidèle à moi-même, suggérer l'approche spirituelle, où la pensée est mère. J'ai choisi Élie Lelus, radiesthésiste de métier, et j'ai posé — à son pendule, par son intermédiaire — quelques questions sur ces troubles. Il appartient à chacun de juger de la pertinence des réponses selon ses croyances ou sa rigidité mentale. Quant à moi, je ne me suis jamais sentie blessée dans ma science de converser avec cet homme.

LA RECHERCHE SPIRITUELLE

• L'hyperactivité

M. Lelus, ou plutôt son pendule, nie absolument la thèse constitutionnelle, affirme le danger du Ritalin ou d'autres drogues psychotropes pour la vie et l'avenir de l'enfant. D'après ses informations le problème est d'origine socio-affective, et n'a pas augmenté à notre époque. Il me donne raison quand je pose le problème : « Enfants hyperactifs ou parents fatigués ? » Dans le monde actuel, l'être humain est plongé dans une évolution constante. Celui qui n'a pas évolué avec son temps reste sur ses idées, sur un passé enfui, empêchant l'enfant d'évoluer, ne le comprenant plus et le jugeant « anormal ». En réalité, l'hyperactivité naît d'énergies désordonnées qui tournent autour de l'enfant. Incapable de le discipliner, il disperse sans jamais être fatigué ce surcroît d'énergie qui déborde.

L'enfant hyperactif est d'intelligence normale ou présente des dons, des capacités dans un domaine particulier. Il n'est pas universellement doué mais développe des aptitudes dans une orientation précise. On aurait tout intérêt à trouver ce domaine... Quand un enfant hyperactif est passionné par un sujet, il devient alors plus concentré que le reste de la classe, mais il focalise toujours sur ce sujet. L'éducateur doit donc peu à peu l'amener à discipliner son attention sur d'autres matières qui lui seront utiles tout en privilégiant son intérêt premier.

Compenser au niveau physique est extrêmement important, car les énergies doivent circuler avant d'être dirigées sur un plan mental. Quand elles tourneront « dans le bon sens » l'enfant pourra réaliser ses projets et sa destinée. Les arts martiaux nobles permettent d'acquérir cette discipline (judo...). L'effort mental et l'effort physique combinés qu'ils exigent apaisent les énergies tumultueuses, apportant des périodes de calme, et créent tout doucement un accord entre le cerveau et les organes. Attention, coordination des mouvements, maîtrise de soi, clarté et vivacité d'esprit sont les résultats d'une énergie disciplinée.

Naturellement, les parents doivent s'intéresser à ce que fait l'enfant, éventuellement participer, sous peine de déception et d'échec. Parents et enfants doivent être fiers les uns des autres.

En conclusion, l'hyperactivité est un problème grave dont les solutions sont simples et faciles.

• L'autisme

« L'autisme est un karma (loi de cause à effet). Pour aider l'enfant, il faut comprendre ce qui s'est passé dans une vie antérieure (par hypnose ou par transe), et s'il fait un refus, lui parler, lui dire la vérité, vérité qu'il est tout à fait capable de comprendre : « Avant cette vie... voilà les erreurs que tu as faites... Si tu veux te libérer, tu parleras, tout te sera possible, c'est de toi-même que cela viendra. »

Entouré d'amour pur, désirant se libérer, l'enfant peut se débloquer. La notion d'autisme primaire et secondaire est juste. Un autisme secondaire a pu être provoqué par un événement qui a brutalement rappelé sa vie passée, événement qui n'est pas nécessairement violent ni traumatique mais seulement significatif pour lui.

L'enfant autiste peut être porteur ou non d'une sensibilité et d'une excitabilité sensorielle exagérées. Un des sens (vue, toucher...) peut faire l'objet d'un « refus ». Quand on supprime un sens (ou refuse les informations qui lui correspondent), les autres sens sont décuplés, ce qui donne l'apparence d'une hypersensibilité. Ce n'est pas obligatoire. En revanche, l'enfant autiste sait capter et interpréter les vibrations. Vibrations des bruits, vibrations des regards, vibrations du toucher, vibrations plus subtiles encore...

Barricadé en lui-même mais ouvert à tout, il est dérangé par un regard d'amour, s'il a refusé l'amour, ou par un regard de colère, s'il a été coléreux. Il reste réceptif et indifférent. aux sentiments des autres, mais, quand il est impliqué, il se sent attaqué et se défend.

Effectivement, le langage est prêt chez l'enfant autiste. Imprégné lui aussi depuis la vie fœtale, il pourrait parler s'il le voulait, mais communiquer est trop risqué. Il a peur d'être déchiqueté au niveau de ses émotions en fonction de ce qu'il a été. Peur d'être asservi s'il a asservi. Il sait inconsciemment que mentalement, moralement, psychiquement et physiquement, il ne veut pas s'abandonner à lui-même et se libérer.

Ainsi, si quelqu'un sait le rejoindre dans ce monde et lui parler l'enfant acceptera : il a gagné la partie et ne subira plus. Dans le cas contraire, il devient inaccessible et quitte doucement le monde.

• La dyslexie et ses aspects neurobiologiques

D'après le pendule, la dyslexie n'est effectivement pas un trouble visuel.

Concernant la micromotricité, il constate des difficultés dans les fibres nerveuse descendantes du cerveau reptilien. Il ne s'agit pas de lésion mais d'un ajustement nécessaire. L'information traitée dans les centres du langage (néocortex) et passant par les circuits limbiques parvient alors au cerveau reptilien. Informations « fausses » ? Non, « justes », pensera le dyslexique. De fait les trois cerveaux sont impliqués, ainsi que la communication entre les deux hémisphères (N.A. : d'où l'intérêt des excercices présentés dans ce livre, qui respectent cette trilogie et cette dualité), et ces processus ne s'effectuent pas normalement. C'est davantage un problème d'organisation (héréditaire, moteur, auditif, affectif, verbal) qu'une dysfonction localisée.

La pensée, au moment de mourir, a une implication directe en ce qui concerne l'avenir de la personne. L'enfant, avant de s'incarner, connaît les qualités et les défauts de ses parents. (Les êtres de lumière ont tous une mère irréprochable.) Un dyslexique choisit une famille de dyslexiques pour respecter les lois de la génétique. Au niveau terrestre, nous disons que c'est héréditaire.

La pensée d'un enfant dyslexique est restée dans le cerveau humain, et, au moment de la conception, il a fait l'enfant qu'il voulait à son image. Quand un enfant naît dyslexique, il est déconnecté avec l'astral, ou avec une des fonctions du corps éthérique selon les cas. C'est la pensée qui doit se reconnecter chez la personne dyslexique : l'enfant voit les choses d'une certaine façon dans l'astral et ne peut les appliquer dans le physique. Il est obligé de faire un apprentissage spécial.

D'où la difficulté de s'orienter dans l'espace, la maladresse, les difficultés motrices et spatio-temporelles, selon les cas, car tous les enfants ne sont pas dyslexiques « à fond ».

L'enfant se camoufle pour ne pas voir la vérité. Cette vérité est dans le corps éthérique ou astral, mais, comme il ne peut pas communiquer avec ce centre, il est « perdu ». Pour communiquer avec l'astral, il faut que le pont entre le subjectif et l'objectif (cerveau droit et cerveau gauche) soit bien établi. Sinon un être qui reviendrait de l'astral deviendrait fou, ou connaîtrait peur et appréhension, menant vers la dépression.

Dans toutes les formes de dyslexie, il faut employer des moyens d'une simplicité enfantine pour pouvoir reconnecter et donner de nouvelles habitudes à l'enfant. L'enfant doit être pris individuellement et non en groupe avec d'autres enfants « normaux » ou dyslexiques.

« Être ailleurs », c'est être déconnecté de la vibration centrale, dans un monde différent. Être dyslexique, c'est ressentir des vibrations auxquelles on ne peut s'adapter. L'enfant doit découvrir lui-même son problème. Ayant brusquement établi une relation avec une vibration (par visualisation des couleurs, souvenirs d'enfance, ou de vie fœtale), il approfondit, cherche à comprendre le sens. Prenant conscience peu à peu de cette vibration, il pourra mieux dompter les autres vibrations au fur et à mesure et résoudre les problèmes au passage. Comme un fil conducteur mène droit au but... doucement, paisiblement et non d'un coup. (Rééduquer l'enfant selon de nouvelles vibrations, ressemble étrangement à l'éducation des sens, corticale et sous-corticale.)

Les parents doivent se montrer patients. Faire diagnostiquer au plus tôt une éventuelle dyslexie, comprendre l'enfant et accepter son cheminement. Un enfant dyslexique incompris peut, plus âgé, se diriger vers la délinquance, la drogue, et provoque souvent des drames à l'intérieur d'une famille.

L'enfant cherche à se trouver lui-même. Puni, rejeté ou surprotégé, il souffre. Surprotégé, ou ayant l'impression de l'être, il voudra gagner son indépendance, quitte à employer des moyens extrêmes. Rejeté, il prendra tous les moyens imaginables pour capter l'attention et avoir une protection — qu'il rejettera bientôt d'ailleurs. Quand l'enfant comprend, surtout ne pas banaliser : « C'est pas mal », « Enfin tu te réveilles », mais valoriser : « C'est extraordinaire », « C'est une découverte merveilleuse... »

• La schizophrénie

La plupart des schizophrénies sont les conséquences de vies antérieures. Peu d'entre elles proviennent d'accidents « terrestres ».

Le schizophrène a une bonne perception de ses sens. Ce qui cause ses hallucinations est le souvenir de vies antérieures. Ces hallucinations sont le reflet de ses actions passées, dont il refuse la responsabilité, se jouant un jeu terrible par le biais de ces images ou de ces voix désordonnées. Le schizophrène d'aujourd'hui est souvent une personne qui s'est suicidée hier ou qui a été poussée au suicide.

Le schizophrène a résolu, dès le départ, de se replier sur lui-même. Il vit dans le monde actuel, il a des éclairs de lucidité, mais, pris dans un tourbillon, agissant par auto-suggestion, il ne peut arrêter le processus. Soigner un schizophrène par une analyse de sa vie présente, c'est étudier l'effet et non la cause. Ce n'est pas la responsabilité de sa vie présente qu'il ne veut pas endosser, mais celle de sa vie précédente.

La schizophrénie peut survenir tôt dans l'adolescence ou n'apparaître que plus tard, vers 40 ou 50 ans. L'acte antérieur a pu être commis à un âge précis, entraînant la loi de cause à effet. Mais si l'on observe la vie de l'homme qui a été schizophrène à 40 ans, on s'aperçoit qu'il y a un ensemble d'événements et de phénomènes qui ont conduit cette personne à la maladie. Événements significatifs pour lui.

Guérir une schizophrénie profonde ou totale est souvent voué à l'échec. C'est un karma à subir. Une amélioration peut survenir, au contraire, dans des formes de schizophrénie moins marquées.

Voici trois points de vue, qui seront plus approfondis, car ils sont la base de mes recherches actuelles. Trois approches plus complémentaires que disparates. Je vous invite, chacun, à esquisser une synthèse qui corresponde à vous-même, enfant d'hier, ou à votre enfant d'aujourd'hui.

La recherche occidentale d'abord, quant aux difficultés mentales, saute au dernier symptôme : le cerveau, que l'on accuse de lésion, ou de déséquilibre chimique. La schizophrénie et les neuroleptiques, l'hyperactivité et les neurones dopaminergiques, la dyslexie et les structures neurolinguistiques. Elle est juste quant à l'observation du symptôme final, elle est inexacte quant à son traitement : « S'acharner à reconstruire le toit d'une maison quand les murs s'écroulent. » Elle préconise exercices avant tout mentaux, favorisant un intellectualisme difficile à supporter par des structures fragiles, ou cache les symptômes gênants par une médication, qui, il faut l'admettre en toute humilité, nous manipule plus que nous ne la maîtrisons. C'est le « tout dans la tête » d'une civilisation où règnent la technologie, la science et la raison, où l'homme n'est rien d'autre que le produit de lui-même, ou d'un formidable hasard, et où l'être, s'il a, peut-être, une vie après la mort, ne connaît rien de sa vie avant la naissance.

Certains s'en contentent. Moi pas.

Puis *la recherche orientale,* occidentalisée dans certains cas — mais dont on peut trouver la substance si on la cherche bien : l'homme n'est plus né de la terre seule. « Nourrisson du cosmos et produit de ses parents », les énergies du ciel, de la terre, les énergies innées, acquises, façonnent corps et âme. Ces énergies peuvent devenir pathologiques au cours de la vie et pour différentes raisons, et causer déséquilibres physiques et mentaux. La maladie mentale naît donc dans le corps et gagne le cœur, maître des activités mentales qui, lui-même, désorganise le cerveau.

Cette fois-ci, quelques pas en arrière, pour mieux embrasser la situation, ont montré que les murs s'écroulaient et que point n'était nécessaire de s'acharner tout de suite sur le toit. Ce sont les « ouvertures du cœur » bouchées chez le schizophrène par des mucosités et que l'on peut décider d'ouvrir. Ce sont foie et cœur qui, par disharmonie, causent feu et vent dans la tête. Une tempête que l'enfant hyperactif fuit en s'agitant de façon désordonnée.

Enfin *la recherche spirituelle* qui, selon ses maîtres, son orientation, ses errements mêmes, s'efforce envers et contre tout d'unir l'homme, son origine, son devenir à l'univers dont il est issu. Le corps est né de la poussière terrestre, mais le souffle est divin. Connaître le passé d'un enfant naissant, à travers ses vies antérieures, si l'on admet qu'elles existent, ou ses mémoires collectives, ses archétypes, si l'on préfère, peut orienter plus précisément la recherche et le traitement. L'enfant autiste, qui subit une loi terrible de cause à effet, et qui, compris, se sentirait protégé. L'enfant hyperactif, qui disperse inlassablement ce surcroît d'énergie désordonnée (la tempête de la recherche orientale) et dont l'anxiété (décelée aussi par la médecine occidentale) révèle la peur de ne pouvoir évoluer dans le domaine qu'il a choisi et qu'il ne connaît peut-être pas lui-même (approche spirituelle). Les peurs (et toutes les formes qu'elles prennent) sont les plus grands de nos maux. Peurs de ce que l'on ne connaît pas et qui rôde comme un voleur. Sans cesse, nous nous efforçons de nous rassurer. Par rapport à nous-mêmes, par rapport aux autres. Offrir des fleurs, un cadeau nous inquiète : « Est-ce que cela lui plaira ? » Vérifier son habillement quand on est coquet révèle une incertitude : « Comment me percevront-ils si ma cravate est mal mise ? » Peur de manquer son train, de perdre quelque chose, de ne pas trouver ses mots, d'avoir l'air bête... Ces exemples de peurs bénignes, d'incertitudes, d'indécisions, associées à des peurs plus profondes, dont on parle difficilement, ou à des terreurs insoutenables, que nous cachons, révèlent un malaise grandissant. Pris tout d'abord dans les pièges des petites peurs, nous tombons dans une peur globale envahissante qui nous empêche d'évoluer.

Les drogues psychotropes cachent la peur, mais ne l'expliquent pas ; la médecine orientale rétablit l'équilibre énergétique menacé par des sentiments désordonnés ; l'approche spirituelle cherche l'origine première de cette peur, qu'elle traduit par des images symboliques pour certains (rêves, mémoires collectives) et réelles pour ceux qui « croient » aux vies passées. Symboliques ou réelles, est-ce bien important, si elles apportent le pouvoir de choisir sa guérison et son effort ?

Et la mémoire ?

Elle est plus que le souvenir d'un rendez-vous terrestre. Elle est le rendez-vous de l'homme à la recherche de lui-même, de l'être face au cosmos, de nous-mêmes et de l'espoir qui vit en nous.

Épilogue

Le mot mémoire rime avec espoir. Il y a toujours une ouverture, même étroite, qui permet d'ouvrir une mémoire que l'homme et l'enfant, perdus dans leurs rêves, ont volontairement fermée.

Et si le mythe devenait réalité... Si par le biais de la mémoire, l'homme parvenait à plonger en lui-même, à la recherche d'un amour pur et de pensées justes. Et pourquoi ne changerait-il pas le monde, puisque ce don de soi, cette orientation mentale, cette vibration originelle, nous permettent de penser et d'agir sur le passé, le présent et l'avenir ?

Mémoire...

L'homme, qui croit tout savoir, que la science rend sûr de lui, enfouit souvent au plus profond de sa mémoire ce qui ne lui convient pas. Perdu dans les rêves, il vit, mais sans cette force d'âme qui fait déplacer les montagnes. Les enfants qui refusent le jeu de la vie suivent ce chemin périlleux. Périlleux puisque la moindre embûche ou épreuve fera resurgir de cette mémoire terrestre un souvenir qui détruira l'être. Ne connaissons-nous pas tous cette tentation, dans les jours de malheurs, de puiser dans nos mauvais souvenirs plutôt qu'aller chercher l'espérance et la certitude ? L'oubli et la mémoire blessée ont le pouvoir de détruire l'être.

Au-delà de la mémoire...

L'homme à la recherche de son corps, de sa pensée, de son essence originelle s'ajuste et se réajuste au monde qui l'entoure. Voyant, écoutant, ressentant, il part à la conquête de perceptions justes qui lui accordent une pensée claire adaptée à son origine et à son devenir. A chacun sa vérité, prise à la source du monde... N'a-t-on pas toujours meilleure mémoire les jours où, en accord avec nous-mêmes, nous nous sentons prêts à conquérir le monde ?

Nul ne saurait imposer des limites à la mémoire ni la pétrifier dans l'argile. Si la mémoire n'est pas l'harmonie de l'être, elle est le souffle dont on remplit la flûte. Sons étouffés, sons éclatants, sons clairs ou voilés, à chacun son souffle, du zéphir au mistral.

La mémoire peut être fonction psychologique et limiter l'être aux frontières de l'école : des mathématiques à l'informatique, de la grammaire à la géographie, aux frontières de lui-même, souvenirs heureux et malheureux, peines inexpliquées, oublis chroniques, jusqu'aux obsessions.

La mémoire peut être fonction de l'âme. A la base de tout être dans ce qui lui est propre, joie, souffrance, amour de la vie, désir..., elle est le point d'envol de l'être vers l'infini, vers une mémoire universelle.

La mémoire de l'âme préside à la mémoire de l'homme. Mais la vie terrestre sème l'oubli dans le cœur de l'homme. Seule la mémoire de l'homme permet de rejoindre la mémoire de l'âme.

Et le mythe est devenu réalité...

Pour contempler Mnémosyne, chaque être anoblissait sa mémoire terrestre par le jeu des sens, le jeu des souvenirs, purifiant son être profond en levant tout voile obscur. Le cœur pur et le regard clair, il pouvait alors entendre Mnémosyne « chanter tout ce qui a été, tout ce qui est, tout ce qui sera ».

Triste est le mot fin quand il signifie que l'on n'a plus rien à dire. Il n'y a pas de « fin » à cette reflexion, il y a seulement un grand espoir et une porte à jamais ouverte. Rien n'est impossible. Le chevalier délivrera toujours la princesse... Les parents et enseignants croiront toujours qu'une flamme vit au cœur de leurs enfants, et jusqu'à la fin des temps chercheront à l'attiser.

La mémoire et l'enfant : une histoire d'amour. Un amour de l'enfant pour lui-même, un amour de l'homme pour l'enfant. Amour qui parfois trébuche, tombe, se relève, amour qui connaît les péripéties et les tricheries de la vie, amour qui renaît pour une fleur, un visage, un beau souvenir...

Montréal, le 19 février 1990.

Exercices

Passons à l'acte...

Voici un choix d'exercices qui vous permettront d'appliquer les thèmes abordés de façon théorique. Libre à vous, selon votre imagination, de les rendre plus spécifiques, plus élaborés, ou plus simples.

QUAND FAIRE CES EXERCICES ?

Le plus possible, insérez-les dans vos activités quotidiennes, et vous réaliserez que chacune des mémoires est facilement stimulée chaque jour.

Lors d'un travail intellectuel, respectez rigoureusement le processus de mémorisation :

— VIGILANCE : un exercice de respiration ou de gymnastique ;

— ATTENTION : un exercice d'attention-concentration au choix ;

— MÉMOIRE : tout d'abord un exercice de mémoire motrice, avant de lire, étudier ou composer ;

— puis l'étude proprement dite ;

— enfin, un exercice d'attention-concentration, qui commencera le processus de stockage dans le cerveau.

L'exercice le plus efficace pour la mémoire à long terme est la visualisation des couleurs. Inspirez quelques minutes les couleurs suivantes : vert, bleu, jaune, violet, blanc.

AIDE-MÉMOIRE

Le processus de mémorisation fait appel à trois composantes cérébrales. Celles-ci doivent être stimulées dans l'ordre suivant :

- **Cerveau reptilien : *VIGILANCE*.** Alternance sommeil-veille, respiration, activité physique.

Peut-être perturbé par une alimentation irrégulière ou mal équilibrée, le manque d'exercice, la fatigue, une pièce mal ventilée....

- **Cerveau des émotions : *ATTENTION - CONCENTRATION*.** Exercices spécifiques, comme la « main » ou le « cheval ». Doit aller d'un rythme bêta actif (concentration soutenue), à un rythme alpha plus lent (attention généralisée.)

Peut-être perturbé par une émotivité mal disciplinée, un stress, de la nervosité, un traumatisme émotif...

- **Néocortex : *MÉMOIRE*.** Répétition, réflexion, utilisation des connaissances.

Une mémoire vivante réside dans l'équilibre de différentes mémoires, pas seulement de la mémoire auditive et de la mémoire visuelle.

Attention à la dominance de la mémoire visuelle !

Pour débloquer ou rééquilibrer une mémoire défaillante, il est nécessaire d'éveiller l'ensemble des composantes cérébrales et de stimuler tous les sens, *même si cela ne nous paraît avoir aucun rapport avec la mémoire intellectuelle.*

ATTENTION-CONCENTRATION

(Se référer au chapitre « De rythme en rythme ».)
— D'abord, un exercice d'éveil des sens, tiré de la sophrologie.

Odorat
Vous vous engagez tout entier dans votre nez avec l'air. Vous ressentez les différences de température, les parfums. Contemplez et méditez sur ces odeurs.

Goût
Maintenant, vous vous promenez dans votre bouche. Vous prenez conscience de la salive, des dents, de la langue, du palais... Vous vous sentez vivant.

Vue
Posez doucement vos doigts sur vos yeux fermés. Effleurez vos paupières, palpez les cavités orbitaires, imaginez des couleurs qui traversent vos paupières. Ressentez votre détente mentale.

Ouïe
Mettez vos mains en coquille sur vos oreilles. Percevez l'air qui entre dans les canaux de l'oreille. Les sons ou la musique font vibrer vos tympans. Ressentez un bien-être physique.

Toucher
Touchez délicatement tout ce qui est à la portée de vos mains. La table, un cahier, un crayon, un objet.. Ressentez la vie et la chaleur de chaque chose.

A tout moment, en classe, avant un examen, le matin, le soir, dès que la fatigue mentale survient et que l'esprit vagabonde...

— *Les mains*

Observez le contour de dix doigts des deux mains, en partant d'un petit doigt jsuqu'à l'autre petit doigt (première étape rythme bêta). Fermez les yeux et réévoquez le contour des mains (deuxième étape, rythme alpha). Il faut accueillir l'image mentale avec douceur, sans tension, sous peine de la voir disparaître...

— *Le cheval*

Dessinez un grand soleil avec plusieurs rayons. Au centre, dessinez un cheval (ou ce qui vous plaît). Fixez le point central puis éloignez-vous sur un axe, en associant une idée ou une image au cheval. Revenez vers le centre et repartez sur un autre rayon avec une autre association, etc., durant une minute (rythme bêta). Puis, oubliez le cheval et restez une minute, les yeux dans le vague, sans bouger. Ressentez ce qui vous entoure sans l'analyser (rythme alpha).

— Posez trois objets sur une table. Regardez-les attentivement, puis efforcez-vous de les faire disparaître un par un, les yeux fermés. Tandis que vous effacez mentalement les objets, quelqu'un près de vous les enlève réellement. Ouvrir les yeux sur une table vide après un « balayage » accroît.la sensation de détente.

— Dessinez dans votre tête des graphiques divers, clé de sol, symboles mathématiques, lettres de l'alphabet, etc. Faites naître ces graphiques de façon harmonieuse et non chaotique.

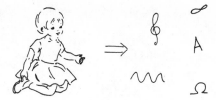

— *L'étoile du soir*

Dans chaque branche de l'étoile, dessinez mentalement un événement choisi, lundi, mardi, mercredi, jeudi, vendredi, un souvenir par jour. Samedi et dimanche, faites le tour de votre étoile, en regardant vos images. Choisissez de beaux souvenirs pour vous endormir agréablement. Une étoile par semaine. Au bout de quelques mois, vous aurez un beau ciel étoilé...

ÉVEILLER SES SENS

Pour débloquer ou rééquilibrer une mémoire défaillante, il est nécessaire d'éveiller l'ensemble des composantes cérébrales et de stimuler tous les sens, *même si cela ne nous paraît avoir aucun rapport avec la mémoire intellectuelle.*

● **Au niveau cortical**

(Se référer aux chapitres « De vibration en vibration, les sens s'éveillent », et « Le cerveau, d'est en ouest, les aires corticales ».)

— *Mémoire motrice*

Motricité de tout le corps : « les semelles ».

Placez des semelles en papier suivant un chemin irrégulier. Observer paisiblement les traces ainsi faites. Fermez les yeux et ajustez les pieds sur les pas, sans hésiter et sans perdre l'équilibre.

Motricité des bras : « objets divers ».

Éparpillez de menus objets de taille différente, depuis la petite voiture jusqu'aux billes. Repérez un objet. Fermez les yeux, saisissez-le d'un geste assuré. Mieux vaut le manquer la première fois que tâtonner et hésiter.

Micromotricité : noix, noisettes, pois-chiche…

Même type d'exercice, mais avec une précision accrue, telle que l'exige l'écriture.

L'activité motrice du cerveau est fondamentale, elle accompagne toute réflexion, pensée, effort de mémorisation, même si nous ne bougeons pas.

— *Mémoire tactile*

Touchez différents objets les yeux fermés, prenez conscience des différentes sensations, dur, mou, froid, chaud, lourd, léger... Identifiez des objets inconnus que l'on vous a mis dans la main.

— *Mémoires olfactive et gustative*

Réunir toutes sortes d'odeurs et de saveurs : herbes, vanille, chocolat, ail, pomme, poireau, carotte..., enfin tout ce qui fait partie de l'univers olfactif et gustatif de l'enfant. Jouer à les reconnaître les yeux fermés. Petit à petit, compliquer en proposant des odeurs ou des saveurs proches : pomme rouge ou pomme jaune, huile d'olive ou huile de tournesol, etc.

— *Mémoire visuelle*

Sans avoir l'objet devant les yeux (télévision, bicyclette...) dessinez sa forme générale « de mémoire ». Respectez les détails et comparez la logique du dessin à l'original. Il ne s'agit pas de commenter la valeur artistique du dessin, mais sa valeur réaliste. Avant de le regarder, évoquez le livre que vous allez lire jusqu'à pouvoir décrire en détail la couverture, le dessin, le graphisme, les couleurs...

— *Mémoire auditive*

Bruits : fermez les yeux et soyez attentif aux sons qui vous entourent. Reconnaissez-les et identifiez leur source avec le plus de précision possible.

Musique : attardez-vous quelques minutes en écoutant une cassette de musique, ou la radio, à reconnaître le plus d'instruments possibles, à différencier deux instruments voisins, à isoler un instrument, ou au contraire à percevoir tous les instruments ensemble. Suivez la mélodie de l'un d'entre eux à l'exclusion des autres,

observez le timbre, la sonorité des instruments
de musique pris séparément.

Langues étrangères : faire entendre aux enfants des chansons de pays étrangers. Quand ils y seront accoutumés, faites-leur entendre des langues de plus en plus voisines et attirez leur attention sur le timbre de la voix, sa sonorité, son rythme, sa hauteur (italien, espagnol, chinois, vietnamien, russe, polonais, allemand...).

● **Au niveau sous-cortical**

« Trouver l'introuvable »

Sur une table, l'un d'entre vous pose silencieusement un objet (gomme, stylo...) tandis que l'autre garde les yeux fermés. Ce dernier, après avoir « balayé du regard » la table, les yeux fermés, saisit fermement l'objet, là où il pense le voir. « Balayer du regard » les yeux fermés, c'est, exactement comme si vous voyiez, couvrir toute la table par un mouvement de la tête.

« Toucher l'intouchable »

Placer la main au-dessus d'un objet inconnu, sans le toucher, et s'efforcer de le décrire : chaud, froid, métallique, tissu, etc.

« *Entendre l'inaudible* »

« Écoutez » le son qui sort de la radio (testez différentes fréquences) en marche quand le son est totalement supprimé.

« *Comprendre ce qu'on ne comprend pas* »

Écoutez berceuses, complaintes, chansons variées de langues inconnues pour vous et laissez naître images ou impressions de ce qui est dit. Vérifiez sur une traduction.

« *Voir l'invisible* »

Les yeux fermés, situez les sources de lumière (lampes électriques, bougies) que tiennent une ou plusieurs personnes dans la pièce et déclarez-les « allumées » ou « éteintes ».

« *Le sens insensé* »

Placez une pile de livres sens dessus-dessous devant vous. Fermez les yeux sans avoir repéré leur sens. Puis, de façon plus instinctive qué réfléchie, les ranger en pile régulière, dans le « bon sens », c'est-à-dire prêts à être lus.

« Deviner l'obstacle »

L'un des enfants reste isolé les yeux fermés. Les autres disposent de coussins pour tracer un chemin qui part du départ pour aboutir à l'arrivée. Sans avoir rien vu, l'enfant aux yeux bandés doit deviner le chemin.

RETROUVER LA SYNESTHÉSIE
(Se référer au chapitre « Fantaisies du cerveau ».)

Son et toucher

A l'écoute d'une musique rythmée, douce, ou classique, sentir le son « chatouiller » le corps.

Son et couleur

S'interroger sur la « couleur » de l'instrument qui joue. La flûte, bleue ou rouge ? Le violon, brun ou vert ? Le saxophone, jaune ou rouge ? etc.

Odorat et vision

Observer une plage de couleur et essayer de lui faire correspondre une odeur.

Son et vision

S'efforcer de voir un son et de le dessiner.

Vision, audition, odorat, toucher, mouvement

Observer cinq ou six livres en utilisant tous les sens : toucher (couverture, papier, poids...), vision (couleur, titre, graphisme), audition (lire tout haut le titre, entendre le bruit des pages que l'on feuillette), olfaction, mouvement (manipuler, feuilleter, soupeser), etc. Puis, fermer les yeux et reconnaître chacun des livres, sans critère visuel.

FACILITER L'ÉCHANGE ENTRE LES DEUX HÉMISPHÈRES
(Se référer au chapitre « Deux hémisphères pour être heureux ».)

Visualisation des couleurs

Cet exercice, adapté de Yoga-nidra, apporte détente mentale, relaxation physique et activation générale (en douceur) des composantes cérébrales et des deux hémisphères. Au moment du coucher, au lever, ou dans la journée, cet exercice vous donnera ce que vous souhaitez : le sommeil, l'éveil ou une attention sans tension (voir texte encadré).

Transfert de l'information (sensibilité tactile)

Touchez un objet de la main gauche. Ressentez-le profondément. Visualisez l'information qui va jusqu'à l'hémisphère droit, par le bras gauche, traverse le corps calleux, parvient à l'hémisphère gauche, et redescend jusqu'à la main droite par le bras droit, créant la présence virtuelle de l'objet dans cette dernière (hallucination).

Transfert de l'information (sensibilité tactile et activité motrice)

Les yeux fermés, tenez un objet dans la main et ressentez-en le contour. De l'autre main, toujours les yeux fermés, dessinez ce que vous ressentez, grandeur nature. Dessinez alternativement de la main droite et de la main gauche.

VISUALISATION DES COULEURS

Imaginez que vous êtes dans une prairie immense, couverte d'herbe jusqu'à l'horizon, sentez l'air frais pénétrer en vous...

Rouge. Au loin, vous découvrez un champ de fleurs rouges, de coquelicots. Inspirez profondément plusieurs fois et vous allez sentir le rouge des coquelicots le long de vos jambes.
Vous décidez de courir vite, de plus en plus vite, le vent frais caresse votre visage. Vous mettez toutes vos forces à courir, les bras, les jambes, la tête, tout votre corps est tendu pour aller loin, très loin, vite, très vite...
Et puis, tout à coup, vous n'avez plus envie de courir. Votre course se ralentit, les jambes se détendent, vous êtes en train de marcher lentement dans l'herbe.

Vert. Allongez-vous dans l'herbe, sentez l'herbe, visualisez une très jolie couleur verte. Quand vous inspirez, ce vert envahit votre corps par le nez vers tous les organes. Vous sentez les ondes vertes partout dans votre corps.

Bleu. Maintenant vous êtes au bord de la plage, à la mer, dans le sable. Le ciel est d'un bleu splendide au-dessus de votre tête. Quand vous inspirez, la lumière bleue pénètre dans votre corps et vos organes. Continuez jusqu'à sentir les vibrations de la couleur bleue envahir tout votre corps.

Or. Vous êtes dans un champ de fleurs jaunes, de pissenlits ou de boutons d'or. Le soleil brille et l'atmosphère semble remplie d'or liquide.
Si vous avez envie de bouger, imaginez que vous êtes un oiseau, battez des ailes et volez dans cette lumière dorée. Ou, si vous aimez mieux, nagez comme un poisson dans une eau d'or. Ou restez allongé tout simplement. Laissez-vous envahir par cette lumière jaune or à chaque inspiration, votre corps baigne dans cet or.

Violet. Vous passez dans un champ de violettes, ou de lavande. Laissez-vous imprégner, puis allongez-vous dans ces fleurs violettes, bien détendu, bien relaxé, sentant le parfum. Cette lumière violette vous enveloppe. Inspirez profondément.

Blanc. Vous êtes dans un champ couvert de neige. Rien qu'une blancheur éclatante, vous sentez l'air frais. Lorsque vous inspirez, laissez cette lumière blanche pénétrer en vous, soyez rempli de cette lumière blanche.

Et, tout doucement, vous bougez un peu, et vous ouvrez les yeux.

Rotation mentale

Pliez en quatre une feuille de papier (ou en deux si c'est trop difficile), donnez des coups de ciseau, modérément, sur chacun des côtés. Ne depliez pas la feuille ! En ne regardant que le papier toujours plié, imaginez que vous l'ouvrez dans votre tête et dessinez ce que vous voyez en vous. Comparez ensuite vos résultats à l'original. *Ne pas faire cet exercice sur un mode logique* (déduire les formes) *mais bien sur un mode imaginaire : voir le résultat.*

Bibliographie

AUTEROCHE B., NAVAILH P., *Le Diagnostic en médecine chinoise*, Éditions Maloine, 1983.

BOYES Dennis, *Initiation et sagesse des contes de fées*, Albin-Michel, 1988.

CHALLAND J.M., THIRION M., *Le Sommeil, le rêve et l'enfant*, Ramsay, 1988.

DOLTO, Françoise, *La Cause des enfants*, Robert Laffont, 1985.

GAZZANIGA Michael, *Le Cerveau social*, Robert Laffont, 1987.

ISNARD Guillemette, *La Mémoire vivante*, Éditions du Méridien, 1988.

LAMBRICHS L. Louise, *La Dyslexie en question*, Robert Laffont, 1989.

LAPLANE Dominique, *Essai sur la liberté de l'homme neuronal*, Plon, 1987.

LAZORTHES Guy, *L'Ouvrage des sens*, Flammarion, 1986.

MARTI Renée, *Écouter et comprendre les enfants autistiques*, Édition ESF, 1988.

MILLER Alice, *Le Drame de l'enfant doué*, PUF, 1988.

RESTAK Richard, *Le Cerveau de l'enfant*, Robert Laffont, 1988.

ROSENBERG Jack Lee, *Le Corps, le soi et l'âme*, Québec-Amérique, 1989.

SCHATZ J., LARRE C., ROCHAT DE LAVALLÉE E., *Aperçu de médecine traditionnelle chinoise*, Éditions Maisonneuve, 1979.

SNYDER Solomon, *Les Drogues et le cerveau,* Pour la Science, 1987 (diffusion Belin).

STEINER Rudolf, *Le Christianisme et les mystères,* Fischbacher, Paris, 1968.

THERIAULT Denise, *Le Mal des mots,* Éditions de l'homme, 1988.

THIFFAULT Jacques. *Les Enfants hyperactifs,* Québec-Amérique, 1989.

TOMATIS Alfred, *Les Troubles scolaires,* Ergo-press, 1988.

WATZLAWICK P., WEAKLAND R., FISCH R. *Changements, paradoxes et psychothérapie,* Points Seuil, 1975.

Collectif, *L'aube des sens,* Stock, 1988.

Collectif « Science et vie », *Les Cinq Sens,* 1987 (mars).

Collectif « Science et vie », *L'Enfant et l'échec scolaire,* 1988 (sept.).

Table

Garder son équilibre... c'est apprendre à coordonner les informations visuelles, proprioceptives et celles provenant d'une partie de l'oreille.

DE NEURONE EN NEURONE, LE CERVEAU GRANDIT...

DE RYTHME EN RYTHME, LA VIE S'ORGANISE 97

FANTAISIES DE CERVEAU 109

VIVRE ET GRANDIR 117

Collection Essais

Alain, *Portraits de famille.*

Lou Albert-Lasard, *Une image de Rilke.*

Paul Arnold, *Histoire des Rose-Croix et les origines de la franc-maçonnerie.*
Préface d'Umberto Eco.

Claude Aveline, *Le temps mort.*

John Batchelor, *Existence et imagination* - essai sur le théâtre de Montherlant.

Yves Bonnefoy, *Le nuage rouge.*
Récits en rêve.
L'Improbable et autres essais.
La vérité de parole.

André du Bouchet, *Qui n'est pas tourné vers nous.*

Jean-François Chauvel, *La guerre éclatée.*

Paul Claudel, *Art poétique.*

Collectif, *L'Enfance malgré nous.*

René Daumal, *Tu t'es toujours trompé.*

Serge Doubrovsky, *Pourquoi la nouvelle critique* - critique et objectivité.
La place de la madeleine - écriture et fantasmes chez Proust.

Georges Duhamel, *La possession du monde.*
Les plaisirs et les jeux.
Géographie cordiale de l'Europe.
Querelles de famille.
Remarques sur les mémoires imaginaires.
Fables de mon jardin.
Le bestiaire et l'herbier.
Chronique des saisons amères.
Manuel du protestataire.
Refuges de la lecture.
Problèmes de l'heure.
Les livres du bonheur.
Traité du départ.
Problèmes de civilisation.

Max-Pol Fouchet, *Les appels.*

Jacques Garelli, *La gravitation poétique.*

Raymond Houdart, *Le système nerveux de l'homme.*

Guy Lardreau, *Le singe d'or* - essai sur le concept d'étape du marxisme.

Magali Morsy, *Les femmes du Prophète.*

Walter F. Otto, *Dionysos - Le mythe et le culte.*
Gaëtan Picon, *L'usage de la lecture.*
      Lecture de Proust.
      La vérité et les mythes.
Ezra Pound, *Lettres d'Ezra Pound à James Joyce.*
Pascal Quignard, *L'être du balbutiement* - essai sur Sacher-Masoch.
      La Parole de la Délie - essai sur Maurice Scève.
Didier Raymond, *Mozart, une folie de l'allégresse.*
Maurice Saillet, *Sur la route de Narcisse.*
Pierre Schneider, *Le voir et le savoir* - essai sur Nicolas Poussin.
Georges Séféris, *Essais, Héllénisme et création.*
Michel Vœlckel, *Rien que la mer.*